思い出の省線電車

戦前から戦後の「省電」「国電」

沢柳健一
Sawayanagi Kenichi

交通新聞社新書 042

はじめに

子供の頃はだれしも、まず動く物に興味を引かれるらしい。

身近で目にする自動車を始めとし、近くの汽車や電車でびっくり。そして次は速さを体感。それから先は知らず知らずに自転車、自動車、鉄道、そして航空機等に興味が落着くか、スポーツなど他の趣味に走るかであろう。

戦前も鉄道愛好者は結構おられたと思う。それは、休日に神田の交通博物館に入ってみて、チビッコ連れの家族で賑わっている様子を見て、強く思ったせいかもしれない。

私が小・中学校にいた時期では、鉄道を語り合えたのは40人クラスで2～3人ぐらい。物理研究会の名の下にクラス発表をした楽しい思い出がある。

当時は『鉄道』『鉄道趣味』といった趣味誌が発売されていて、むさぼるように読んだものであるが、紙類統制で昭和13年（1938）頃には相次いで休刊のやむなきに至り、残念な思いをしたものだ。また、この頃はカメラを持つ家庭は滅多になく、持っていたにしても鉄道のホームはもちろんのこと、街なかでも高い建物が画面に入る撮影はご法度であった。

従って、車両の使用状態や運用をメモするだけに限られ、これとても他人に注目されないよう、素早く番号を覚えて懐手でメモするほかなく、ただただ研究は狭まるばかり。そこで考えたのは東鉄局の許可のもと、憲兵隊の審査を経ての写真撮影。ただし結果は見事に裏目に出て、検閲後にまともな形で戻ってきたネガは、16枚のうちたったの4枚。残りの12枚は、背景の建物の部分が切り取られるなど、無惨な状態になっていた。

戦前は、どの家庭でも大きな旅行というのは、まずあまりなかったろう。

私の家では、父は満州の視察、母は四国への旅があり、私は毎年行った生まれ故郷の飯田・松本への旅は別として、昭和13、18年の関西旅行、昭和18年の四国旅行と勤労動員での北海道行き、昭和19、20年は九州へと結構旅を重ね、貴重な経験を得た。苦しいながらも、戦時中の鉄道の実態を垣間見ることが出来たと言えよう。

戦後になったら写真は自由になるものと期待したら、まずはフィルムを売っていない。早朝、カメラ屋の前に並んで買えたのは年に2～3本という有様で、何を撮影するか考えに考え撮ったものである。

進駐軍列車はまさに撮影対象として狙い目であったが、駅や車庫ではMPの監視下にあり、カメラを構えようなものなら間違いなく追いかけられた。体験で言えば、品川駅の改札口を死に物

東京鉄道局の検閲済みの印

狂いで駆け抜けたり、横須賀では港から京浜急行電鉄横須賀中央駅まで逃げ込んだりしたこともあった。

終戦直後の鉄道規制はまさに朝令暮改、使える車両も少なく、運用はメチャクチャだった。また、利用側は空腹を抱えた状態では旅行する気力もなく、どうにか回復の兆しが見え始めたのは昭和27年頃であったろう。

こうして苦労して研究した戦前・戦後の様子を何とか再生し、現代のお若い方々にも知っていただきたく、電車の歴史と時代背景を組合わせてまとめたつもりである。

鉄道側のご苦労と智恵を含め、今があることを知っていただければ幸いである。今後、もし機会があれば昭和24年以降をまとめてみたい。

本書をまとめるにあたり、永年にわたり（株）電気車研究会発行の『鉄道ピクトリアル』誌に発表させていただいた内容を軸に構成させていただいたことと、（株）交通新聞社第3出版事業部の編集の方々にお世話になりましたことを厚く御礼申し上げる次第です。

平成24年3月　沢柳健一

思い出の省線電車——目次

第3章　省電の王者・横須賀線

第4章　戦争と省線電車

第1章

省線電車との出会い

鉄道ファンになったきっかけ「赤羽線」

大正13年（1924）生まれの私の出生地は長野県飯田市。そこには私の好きな電車の走る飯田線があったが、残念ながらここにいたのは2歳まで。

飯田の生活は、祖父が下伊那郡唯一の専売品・タバコの卸店、父は市内ただ1軒の自転車屋、こんなところで我が家は成り立っていた。しかし、大正半ばまでは自転車の乗り手はあまりなく、自転車屋は閑古鳥が鳴く有様だったようだが、この頃、父は下伊那郡全体の青年団長で大活躍していたらしい（長野県史にその名が見える）。

祖父の実家は蚕糸業。父はこの営業を手伝っていた。営業で横浜行きが多くなり、その都会の発展ぶりを見て、東京へ出ることを決意、私たち家族は昭和2年（1927）、池袋へ引っ越した。池袋の生活では市内バスとタクシーなど動くものに興味を覚え、小学生ともなると私は車の後を追いかけたものだ。

こんななかで、たまに乗った省電は、自動車に比べ車体の堅牢さとスピード感があり、車窓の景色が飛ぶように変わっていった。私はいっぺんに気に入ってしまった。

しばらくすると、我が家には父が指導した下伊那郡の青年団員の上京組が寝泊まりするようになった。彼らは我が家を、東京での勉強の足掛かりとしていた。

家の近くには池袋電車区があったのだが、跨線橋上で電車の出入りを見せに連れて行ってくれたのが、この青年団員の方々であった。

その後、私が小学校の頃、我が家は池袋から2つ目の赤羽線上の十条に引っ越した。これは下伊那郡の青年団員たちが上京してきて家が手狭になったからであった。残念ながら、その方々は全員が今次の戦争で帰らぬ人となり、父をがっかりさせた。

ここで少しばかり赤羽線のことを書いてみよう。

赤羽線というのは池袋～赤羽間5・5キロの短い区間を走る路線で、通称「赤羽線」の名前で親しまれ、山手線の支線として存在していた。山手線の成り立ちからいえば、赤羽線は東北線と東海道線を結ぶ本線に含まれていた路線であったのだが、のちにループ運転を目指す山手線が、池袋から田端、上野へと運行するようになったため支線になった因縁がある。

その後、昭和47年7月に名称規程が変更され、山手線は東海道線に編入され、池袋～赤羽間は晴れて「赤羽線」として独立した。しかし、昭和60年9月、東北本線の別線が電化・開業し、池袋～赤羽～武蔵浦和～大宮は「埼京線」となり現在に至っている。

昭和３年頃の池袋電車区（当時の名称は電車庫）。まだ鋼製車は少なく、ダブルルーフの木製車が主力だった。所蔵：三宅俊彦

●イケ電区へ土参（日参にあらず）

池袋電車区には、週に何回か、工場から部品を載せた凹型電車がやって来る。この電車が来る日を知りたいし、電車の運転室にも入りたいと思い、小学5年生の秋にひとりで電車区を訪れた。これがきっかけで区の方々との交流が始まったわけである。

「イケ電」とは、池袋電車区のことで、当時の鉄道省部内用語にもある駅名を省略した言い方である。続いて「凹型電車」とは、現在は車両工場と電車区を行き来する部品輸送はトラックに変わったが、当時は部品を「配る」ことから配給電車と呼ばれており、運転台のある箇所を除いて部品を載せやすいように、無蓋《がい》構造となった電車のことである。

ある土曜日、ノコノコと事務所に入り「電車を見せてください」と申し出た。応対に出た事務係氏は

昭和14年11月の池袋電車区庫内での検修風景。現代と違って人手に頼る部分が多かった

唖然とした顔付きで、

「君、ひとりで来たんか」

「そうです」

「ふん、何を見に来たんか」

「凹型電車を見たいんです。できたら運転席にも腰掛けさせてください」


とまあ、こんなやりとりをして、早速、凹型電車の運転席に入れてもらえることになった。電車のそばまで行き、さて、入る段になったら、乗務員扉が自分の背より高い位置にあり、ひとりではどうにもならない。結局、事務係氏の尻押しで上った。

運転席に入ってみると、荷台部分には大きな車輪と電動機（モーター）が2個ずつと、制輪子（ブレーキシュー）の束が載っていた。

運転席の椅子は緑のモケットの丸型で、真ん中が

工場と電車区の間でモーターなどを運んでいた配給電車。戦前は「ル」の記号がなく、職用車「ヤ」に含まれていた。昭和14年11月、池袋電車区

えらく出張っていて、どう腰掛けても座り心地は良くなかった。そして窓から外を見て、「なるほど、こんな視界か」とひとり納得したものだった。

これが病みつきになり、土曜の午後になると、「○○さんいる?」といった調子で事務係氏を訪れる始末。しまいには、事務係氏も半ドン（半日勤務）の土曜日であっても待っていてくれるようになった。

そのうち、私の中学受験勉強が始まったために行けなくなったが、晴れて中学校へ入ってから、再び訪れた。

「どうしたんや、大分来なかったな」

「（お蔭様でと言ったかどうか）中学に入れたよ」

「とうとう入れたか、また来るんかね」

「将来は運転手になりたいな」

「中学出の運転手はあまりいないよ」

と、以前の通り「土参」になった次第。

●赤羽線の電車

昭和初期の赤羽線の車両は、この池袋電車区が山手線の電車とともに受持っており、木製車２両（モハ10とクハ15形）がこの専用車となっていた。このクハ15形というのは大別すると３種類あり、このうち専用乗務員扉のない、いちばん古いタイプを、鉄道ファンは「玄関付き」と呼んでいた。

３カ所の出入口のうち、運転台側は乗客用でなく、扉の窓には乗務員用と書いてあった。ただ開閉は客用扉と一緒で、ラッシュ時には「失礼」とばかり、結構多くの人々がここに飛び込んだ。その都度、運転手は立ち上がって通してはくれた。

とはいうものの、運転台と客室の間には腰羽目《こしはめ》（仕切り板）があり、これをまたいで客室へ入るとなると老人にはちょっと不向きで、ここには緑色の大きな幕がかかっていた。子供たちは前を見たくて、走行中この緑幕を上げて覗き込む。すると運転手は大概「こらぼうず、幕から覗くな」と怒るものだった。

この懐かしい緑幕のクハ15形は昭和15年（１９４０）７月、制御装置（運転台）転用でサハ（付随車）代用となり、中間車として組込まれ、山手線用になった。

クハ15形の若番車には運転室の乗務員用扉がなかった。昭和9年、池袋駅にて。撮影：小山憲三

代わりに半鋼製丸屋根のクハ38形がやってきた。昭和8年頃には電動車にモハ34形（両運転台）が入り、モハ34＋クハ38形という丸屋根の近代式のコンビになり、34形は掃きだめに鶴の感じで大もてであった。

こんな頃に東武鉄道東上線は、赤羽線と並走する区間に「東武堀之内」という駅を造った。今の北池袋駅の前身である。

この駅と池袋駅の間で、東上線と赤羽線は仲良く並走することが多く、私にとって楽しみな区間となった。運転手もお互いに意識した運転をやっていたが、乗客も省線（鉄道省線）が丸屋根の新車、東武は古式豊かな前窓5つのデハ7形では、どうやら、省線の判定勝ちと感じていたようだ。

この並走区間の池袋進入直前は、赤羽線は単線になり、どういうわけか東武との間隔が50センチぐらいしかなく、他の線区でも車両限界（車両の大きさについての取り決め）の関係で、こんなところはなかった。そんなわけで、赤羽線に乗っていた私が並走区間の東上線の車内に友達の姿を見つけると、両方の電車の窓から手拭いなどを持ち合ったりして楽しんだが、苦情を言う人はいなかった。

昭和19年4月、東上線が複線になってからは正規の間隔に造り直されてしまい、こんな風景も楽しい思い出の一つである。

●戦前のお召列車

戦前の電化進展で、東京付近のお召列車用に昭和7年（1932）、クロ49形が生まれたが、これは神奈川県・葉山の御用邸へ向かわれる際に使用された。栃木県・那須の御用邸には、依然として原宿《はらじゅく》から黒磯に向けてSLが牽引する皇室用客車の編成が用意された。機関車は本務機C51239（当時のお召列車専用機）、先導機28661（予備機58681）がその都度使用されていた。

私はこの原宿から黒磯へ向かうお召列車を見学しようと考えた。そこで、見るためには山手貨物線へ出なければ駄目だと思い込んでいたところ、沿線の踏切付近の方から、「お召列車は赤羽線を通るよ」と教えられ、赤羽線へ行くことにした。

運転当日は朝早くから巡査が沿線の家々を回り、「窓を閉めること、2階には上らない（覗かない）」と注意に回るので、赤羽線を通過することはすぐに判った。踏切そばに並ぶと、結構多くの方々が陛下を拝みに集まっている。

お召列車の通過15分前に先導車が1両の客車を引いて走ると、まもなく本番。子供心にも機関車と客車を拝めると思っていたら、あにはからんや、線路のほうに背を向けた巡査が、ドラフトの音とともに「頭を下げろ」と怒鳴り、しっかりと見たのは客車の後ろ姿だけ。上目遣いで見ただけでは、機関車のピカピカの取っ手と、前照灯の角灯の重厚なスタイル、客車は溜《ため》色（あずき色）だったことしか判らなかった。

お召列車の直前に運転となる列車。昭和14年3月、池袋電車区

赤羽線をお召列車が通る場合は、すれ違い電車は窓の鎧《よろい》戸《ど》またはカーテンを下げるという厳重さだが、だからと言って営業用の所定ダイヤを動かすということはなく、先導車とお召列車の間にどうしても通常の列車が1本入ってしまうのだ。

この通常の電車は当日のみ、パンタグラフと前部連結器を銀色にお化粧したもので、お召列車の運行が終わるとすぐに元に戻していた。

荻窪会と鉄道友の会

戦前には、鉄道友の会のように全国的な趣味団体はなく、仲間同士で情報交換をするような機会は非常に少なかった。それでもふとしたきっかけから「荻窪会」という鉄道研究グループがあることを知り、私もその末席に加わることができた。

荻窪会とは、会員の裏辻三郎氏が東京の西荻窪3丁目の自宅を例会に提供されたことで、その名が付いた「鉄道研究会」である。会員は全員で17名（鉄道省関係3人、私鉄関係4人、軍人1人、民間人9人）の構成で、最後に入会したのは昭和17年（1942）の私であった。

会誌は1年に2回くらい発行された。各自の見聞録を裏辻氏がまとめられ、入会順に回覧したもので、裏辻氏が西宮市へ転居したあとの最終の会誌保管者は永江氏であった。

●省電の歴史の穴を埋めた荻窪会

この荻窪会最大のニュースのひとつは、鉄道省におられたH氏が語られた昭和19年（1944）7月の省電改造のニュースである。これは関東・関西に及ぶ4扉車への大改造計画で、もちろんマル秘の話をいただけたもので、私なぞは生つばを飲むほど興奮したものだった。この資料が後世に残されたので、省電の歴史の穴が埋まったと言われている。

二つ目は、会員の小山憲三先生が軍の少佐に任ぜられ、昭和19年3月に内地帰還を機にお祝いを兼ねた会が開催されたこと（在京出席者8名）。当時の南方戦線は後退、夜は灯火管制下の薄暗いなかでのお祝いのさなか（酒類は一切なし）、突然、警官が土足で上がり込んできた。

当時は5人以上の集会禁止で、おそらく近隣からの通報と察せられた。しかし、正面に少佐殿、左右に将校2人とあっては、飛び込んだ警官もびっくりし、最敬礼で退散していった。思えば荻窪会のテーマから見て、危うい一幕であった。

この時期、鉄道グループの行動では、荻窪会の会員Fさんが四国旅行中に不審者として警察に捕まった。約1週間拘留の憂き目に遭い、私の友人・T公爵の息子さん（のち交通博物館入社）が事情聴取を受けるなど、不穏なニュースが流れていたこともあり、気を付けた次第。

戦後の荻窪会の活動は、最高年齢会員の東京在住の高松吉太郎氏が立ち上げた「東京鉄道同好会」（在日本橋）に全員が加入し、会報誌として「ロマンスカー」を発行、徐々に会員も増えていった。この同好会と当時神田にあった交通博物館（埼玉県大宮市に鉄道博物館として移転）の趣味団体「交通科学研究会」が合併し、「鉄道友の会」が発足。交通博物館に事務局を置くことにな

電車の病院として有名になった小山病院。クハ86形300番代に似せた造りで、車号は実物のラストナンバーの続き番（クハ863674）としている

った。昭和28年11月創立総会では、島秀雄氏を会長に戴いている。前述の高松氏も理事として会務に参加された。

●車庫が縁で「電車」の先輩に会えた

電車区にお伺いすると、よくカメラ片手の紳士にお会いした。事務係氏の紹介で知った彼氏の正体は、池袋にお住まいの石本男爵のご長男で、お誘いに応じて事務係氏と2人でお宅へお邪魔した。ところが、門前にはなんと請願巡査なる者が立っていて、「君たちは？」ときた。いやはや質問攻めでうるさいのなんのって。やっと宅内に入れていただき、応接間で写真を拝見したが、2人とも気もそぞろで早々に引き揚げてしまった。ご本人は池袋区訪問の常習ファンだったらしい。

その男爵さまから「近くの陸軍軍医監小山さんの

息子さんがだいぶ省電にご熱心のようです」とアドバイスをいただき、『鉄道』という雑誌に投稿されている小山憲三さんがその方であることを初めて知った次第。このご縁から厚かましくも小山さんに会えて、手ほどきを受けるきっかけになろうとは……。

小山先生は当時、東京帝大医学部の学生で写真・雑誌のほか、形式図まで貸してくださり、毎晩、図面の複写をした思い出がある。当然ながら専門家と鉄道ファンでは車両の考え方、見方に違いがあることが判った。

戦前では、趣味で電車を家の一部として持った方はひとりもいなかった。しかし小山さんが当時、豊島区池袋本町4丁目の自宅応接間の拡張により、昭和8年（1933）に省電モハ40形の外側を設置されたが、これは昭和20年4月の戦災で全焼してしまった。戦後、練馬区下石神井2丁目の小山病院診察室外側としてクハ８６３７４（20メートル）を、荻窪会会員・根本茂氏（汽車会社―後、川崎重工と合併―技師）のお骨折りで実物仕様に造られた。近所では電車のお医者さんとして一躍有名になり、子供さんたちのアイドルになった。

3代目として、省電がルーツで西武鉄道において鋼体化され、平成2年（1990）、廃車になったクモハ３５１の前半部（6メートルにカット）を自宅庭に定置された。それほど電車好きの方であった。

鉄道友の会の専用車両にと検討されたマロフ97。写真はまだスヤ51の時代で、何度かの改番を経てマロフ97となり、昭和38年に廃車された。撮影：宮澤孝一

●友の会用インスペクションカー

私が鉄道友の会に入会してまず考えたのは、会で車両を持って会員相互の親睦を図ればよいということ。そこで思いついたのが、マロフ97の払下げであった。

この車両は、戦後に進駐軍用となり、１〜２回しか使われていない展望室付きインスペクションカーで、会議室、ダイニング室、寝室、調度品まで備えた面白い車両であった。まあ20人程度の旅行にはもってこいの車両でもあった。

この車両は廃車後、昭和40年（１９６５）頃に三河島の貨車庫に保管されていたので、早速、国鉄資材局の許可を得て鍵をお借りし、検分に行った。車体の程度はとても良かったが、備品の冷蔵庫などは使えるかどうか判らなかった。

友の会での保管場所として考えたのは、空いていた隣接する東京都の三河島専用線。しかし、しかるべき団体ならば線路をお貸しする代わりに使用料をいただきたい、ということになった。ただし、車両の出し入れは三河島貨車区の小型動力車を使って宜しいという話であった。そこで

万世橋の交通博物館中庭にあったサハ78のカットボディ（レプリカ）。鉄道友の会の事務局はここに置かれていた

友の会の理事会にこの件をかけたら、車両の定期検査費用・保管料・施設の借受け料を会費に上乗せすることが難しいということになり、要検討で却下。

先ほどの小山先生は結局私の大先生となり、その後もご指導を受けたわけであるが、この懐かしい「イケ区」には後日談がある。

「鉄道は兵器」で写真は撮れなかった戦時中、昭和16～17年にかけて、池袋区に大石壽雄区長が着任された。年はなんと27歳。当時でいう学士さん（キャリア組）区長で、ご自身も電車が好きで警察から鉄道へ移ってこられた。そのせいか、警察に見つかると危ないということで、常に4～5人の職員を私の後ろに立たせて電車を撮影させてくださ

った。

残念なことに戦災でその大部分を失ってしまい、今でも相済まぬ気持ちでいる。ただサハ７５０２１（両開扉車）のネガが偶然残ったのは本当に嬉しい限りであった。

電車区歴訪開始

池袋電車区を訪れた際、「どうだ、電車の修繕を見んか」と話が弾み、薄暗くなるまで電車の持上げから台車抜き、モーターの分解まで、中学の勉強そっちのけで眺めていたことがある。

こうして放課後、何度も訪れることになったのだが、ピット（床下の検査できる溝のある施設）に入った電車の部品の取外しや据付けがたまらなく面白く、しまいには電車屋さんになるのが夢になってきたのだから世話はない。そして、これがその後の三鷹電車区での無給アルバイトにつながるのだから恐ろしい。

こんな折に、助役さんから㊙の印がある昭和12年（１９３７）のダイヤグラムをいただいた。実は山手線の１分目ダイヤには京浜線も入っている。結局これに刺激され、東鉄（東京鉄道局）傘下の各電車区に足を延ばす羽目になろうとは、全くダイヤは魔物だと思っている。

ここで戦前の各電車区の様子をまとめてみよう。

●池袋電車区

大正6年（1917）6月、品川電車区の分庫として開設、大正14年1月、本区となった電車区で、私の趣味の出発点だった。当時は山手線や赤羽線の車両を受け持っていた車庫である。

ハイライトは、スカ線（横須賀線）2等車の予備に使われていて鋼体化により不用車体になるサロ18001が、昭和16年（1941）5月20日に青帯と「2」の字入りで送られて来たことだ。実に手入れが良く行き届いていて、撫でてみたり、幕板の数を勘定したりして楽しんだ。この時の研究が、まさかナデ・モハ1などの復元に役立とうとは夢にも考えられないことであった。

●品川電車区

明治43年（1910）6月、山手線電車運転開始とともに開設された歴史のある電車区である。しかしながら、現在も留置線として使われているその場所からも手狭感は否めず、当時から、池袋電車区のみならず、下十条《しもじゅうじょう》電車区などへの夜間滞泊が課題であった。

訪れてみると京浜急行電鉄のガード下に事務所があり、ピットもガード下。従って留置線だけに見え、電車区の感じはない。

昭和24年（1949）12月頃、面白い姿の電車を発見。サハ25008の廃車体にPS2パンタグラフを付けたものが片隅にあった。

晩年のクハ67006は中野電車区で非常用車となっていて、電車が出払うラッシュ時には、本線からも眺められた。昭和39年2月撮影

●中野電車区

中央線の中野電車区は、大正10年（1921）7月、院（鉄道院）電が配属となっていた新宿車庫が手狭となったため、中野駅に隣接するこの地に移転・誕生の歴史を持った区所である。

古い木製モハ1形の撮影を柱として訪れたが、あいにく良い姿では撮れず、万世橋側線で昼寝（滞留）しているとの情報を教えていただき、人目のない時間を選んでモハ1037の写真を1枚撮ってきた。

検査建屋入口には旧新宿庫からの移転年月などが金属板に彫ってあり、時代の流れがよくわかった。

戦後もクハニ67形（非常用車）の写真撮影で大分お世話になったものだ。

●三鷹電車区

昭和4年（1929）9月に開設された電車区で、当時は中央線の車両を受け持っていた。

ここにはBOX運転室でセミクロスシートの51形がいるのでお願いして撮影に臨んだが、狭い留置線では一枚も良い写真が撮れなかった。結局は、当時国分寺駅から延びていた東京競馬場線の東京競馬場前駅の側線を教えていただき、思いを果たした。

この区の思い出には、土曜の午後の検査のお手伝いを買って出て許可になり、職員と一緒に車両部品の取外しや取付けなどの作業を経験したことだ。

ところが、これが大変。密着連結器（電車用の連結器）1個、抵抗器（電気制御機器）一つ外すにも便利な機械があるわけでなし、すべて手作業。その重いことと、グリースで手がすべって怪我寸前は日常茶飯事、大変な労働でへたばってしまった。外観や車内を追う鉄チャンにとっては、思いもかけない苦労をいやというほど味わった半日であった。

家に帰って、油が落ちていない手を見られ、親父から「お前、今日は何をやってきた」と言われて困ったことが度々ある。でも、戦争たけなわの学徒動員で、炎天下、日本鋼管での鋼材運びでもへたばらなかったのは、その時のおかげと、今でも感謝している。

また、16時30分頃になると一斉に作業を止め風呂に行くのだが、日のあるうちに電車区のおっ

王子～北王子間で貨車を牽いていたEB10形。この路線の途中には都電との平面交差もあった。昭和44年３月撮影

さん連と肌を摺り合わせて入る風呂の味はまた格別。「お前の身体は生っ白いな」と冷やかされたのには参った。

●下十条電車区

下十条電車区は、昭和７年（１９３２）８月開設となった電車区で、東十条駅に隣接している。当時の区所標記は「東シセ」で、昭和14年９月に「東モセ」と変わっている。カタカナ２文字にての標記は、現在のように情報連絡手段が進んでおらず、鉄道電報が主役となっていたためで、如何に短い文にて伝達するかが重要であった。東京は「トウ」と判別しやすいが、「モセ」は難解の一つと言えよう。

十条の家から徒歩15分ほど。電車区は比較的新しく、ブリッジの上から在庫車が見渡せる。希望車両がいる時は訪れ、営業線に出ている時は駅横の土手へ。土手で待てば格好良い姿が撮れるのだが、他人の目に気を付けないととんだ目に遭う。早朝の日曜日が狙い目でよく出かけたものだが、それよりも1駅乗ると、王子～北王子（貨物駅）間の貨物線用のＥＢ10が活躍していて、北側の車庫へも立ち寄ったものだ。このＥＢ10というのは、蓄電池車改造の小型ＥＬ（Electric Locomotive）であった。

●蒲田電車区

大正12年（１９２３）10月、品川電車区の分庫として開設、大正13年5月に本区になっている。京浜線の車両を受け持っていた。

時々訪れたが収容線が狭く、余程でないとお目当ての車両は撮影できなかった。増結用クハ１両のこの区への車両の収容方法を聞くつもりで訪ねたのが最初であったが、そのうちに訪問しなくなり、聞き損なったのは残念であった。

●東神奈川電車区

大正3年（１９１４）12月開設した電車区である。一部の京浜線の車両のほかは、横浜線の車両を受け持っていた。ちなみに、現在は東京寄りに留置線があるのみだが、当時はホーム横に線路や検修庫もあった。先輩諸氏からも訪れたとの話をあまり聞いたことはなく、スカ線から流れてきたモハ32形が応援（?）に入っていたのが関心ではあったが、どちらかというと馬鹿にしてあまり調査に熱が入らなかったようだ。

私にとっては訪れたい電車区だったが、小遣いの問題があった。㋪だったのである。

中学に入り、小遣いは1カ月1円に値上げしてもらったが、巣鴨～東神奈川間が片道47銭、往復すると1カ月分がすっ飛ぶ。仕方がないので当時の東京市の市内限度駅、蒲田までの片道28銭にとどめ、あとは12・6キロ（駅間距離）の道程をテクテク歩いた。電車から見ると道路は並行しているようだが現実はさにあらず、従って夕方家に帰ってくると泥のように眠り込んだ。

でも、やり繰りつけてのハマ線は、行けば行ったでその甲斐は十分あった。

モハ32形は最初の番号と違う番号が入っていたり、クハユニ17形（仮改造）を発見したり、結局1年に3～4回は通ったろう。電車区では理解していただけて、帰りはサロハ56形（3等車代用）にも乗れて大満足であった。

それにしても、よくも毎回12・6キロの強行軍を続けたものと思ったが、今では身震いする。若さっていいな、が実感である。

●津田沼電車区

昭和10年（1935）6月、総武線千葉までの電化の際に新設した電車区で、開業の頃は当時

試験的に三段窓に改造されたクハ65188。戦時色が濃くなった昭和18年に運よく撮影できた

の趣味誌に発表されていたとおり、車庫は津田沼駅から20分ほど歩いた畑のなかにあった。当時の収容線は8本ほどで、その東側はまだ空き地となっており、戦後は戦災車の墓場の感があった。

私が訪問したのは昭和15年の初め頃で、戦中・戦後には結構休車、廃車が集まり面白かった。なかには優等客車（含む寝台）の2等車（青帯）・1等車（白帯）がいて、教習室や詰所・寝台代用で使われているなど、貴重車種の撮影も可能であった。

昭和18年4月に訪れたのは、3段窓改造のクハ65形の撮影が目的であった。とにかく、戦時中のこととて色良い返事が得られるはずもなかったが、たまたま中野電車区でお世話になった方がまだおられて、中野所属の65188が4月20日に津田沼で昼寝するとの情報をいただくことができた。

早速、津田沼電車区へ駆けつけた。まずは許可が出るか、次は入れても写真の撮れる場所にいるかどうか、まさに乾坤一擲の勝負であった。有り難いことに車庫の外に出ていて車内にも入れていただけ、３段窓が開けられる形を作り撮影できた時は本当にうれしかった。何でも努力してみるものと感じた次第だ。

関西省電の発展

明治の院電に始まる省線電車の歴史は東京付近から始まり、関西では昭和7年（１９３２）12月1日、片町《かたまち》線（片町～四条畷《しじょうなわて》間）電車化で歴史は始まった。この時、東京はスカ線の付随車、制御車のみが20メートル車で17メートル車が主流。本格的な20メートルの電動車を取り入れたのは関西が最初なのである。関西は全部の電車が20メートル車の世界。ここでは関西の模様を書いてみたい。

関西における電車化の歴史は上表のとおりで、

関西地区電車運転の推移

年次	線　名
昭和７年	片町線（片町～四条畷）
昭和８年	城東線（大阪～天王寺）
昭和９年	東海道本線（吹田～須磨）
昭和12年	東海道本線（京都～明石）急行運転：京都～神戸
昭和16年	西成線（大阪～桜島）
昭和19年	東海道本線（明石～西明石）工員輸送のみ
昭和25年	片町線（片町～長尾）
昭和36年	大阪環状線（天王寺～西九条）逆「の」の字運転
昭和39年	大阪環状線（完全環状）
昭和45年	東海道本線（京都～西明石）新快速運転

通勤線区（片町・城東線）を別にして東海道・山陽本線の電車は20メートル・クロスシート、前幌（連結時の通路用）付きと格好良いものが揃っていた。

私などは藤本菊松氏の『電気鉄道』（交友社）を読んで勉強したつもりであったが、全くうらやましいの一語であった。

こうした大阪での20メートル省電の登場とBOX運転室採用に対し、東京では17メートルのモハ33形（片運転台）が2両、昭和8年にモハ34形（両運転台）が出た程度である。そして関西では、東海道・山陽本線（吹田～須磨間）の電車化が昭和9年7月20日に完成、昭和11年5月には大阪～神戸間に急行電車が登場、流電（流線型電車52形）の運転開始と続き、さらに水をあけられたとの思いもふくらんだ。

その関西に、最初に行ったのは昭和13年のことで、東海道・山陽本線の電化区間は、京都～明石間が完了、急行電車の運転区間は、京都～神戸間となっていた。

●初めて流線型電車に会った

昭和13年（1938）7月5日、六甲山系を襲った集中豪雨による大量の土砂流出で家屋流失者が出て、東海道本線の住吉駅では停車中の電車1編成が土砂で埋没し、ほかに2本が浸水と新聞で報道された。私はお世話になった関西在住の親戚の被災見舞いで親に同行することになった。

世界的な流行を追って登場した流線型電車。関西配置のため東京ではお目にかかれなかった。昭和12年、神戸西方にて。撮影：根本茂

生まれ故郷の信州旅行は別として、長距離旅行は、この昭和13年8月が私にとって最初のことであった。

私は母の案内役。しかしながら関西＝流電という思いで、もう心のなかは流電見学のことでいっぱい。『鉄道趣味』40号（昭和12年3月）を引っ張り出し、猛勉強して出発した。

この頃の東京～大阪間運賃は3等で1人片道5円97銭、急行料金1円、特急料金2円で、往復すると中堅サラリーマンの給料の3分の1を占め、食事代等雑費を入れると2人では1カ月分の給料が吹っ飛ぶ。時間的には鈍行13時間30分、急行10時間、特急で8時間を要した。

まあ、当時、九州・北海道へ帰省したといったら、学校で目を丸くして土産話を聞くという時代だから、大阪あたりの話でも報告会でしゃべらされたものだ。

大阪に着いた日、母を住吉の親戚宅に置き、私は一日

流線型は私鉄の電車や気動車にも登場した。写真は「イモムシ」の愛称が付けられた名鉄3400系。撮影：宮澤孝一

中関西省電の勉強会としゃれ込んだ。

まず、本線電車42系の車両の連結部を幌で覆った貫通幌スタイルは、東京とは一味違った電車と感じた。流電を初めて見て、茶色を見続けていた目には2色の塗分けは新鮮で、これも省電かと撫でてみた。色だけでなく、流動感に溢れた前面には身震いさえした。

笑わないでほしい。昭和33年に製作された151系特急こだま型を見た時は、こんな感激は湧いてこなかった。若さゆえの感であったろうか、さすがは鉄道省だ、物凄い電車を造ったなあ、という感じであった。

乗って座ってみると、大きな窓というのは展望車のそれみたいで、サロハ66形1300ミリ幅の窓にいたってはたった200ミリの差とはいえ、振動でひびが入るのではないかと案じたほど。車内の人々は新聞などを読んでいるか景色に見とれているかであったが、私は神戸に着くまで景色は全く目に入らず、あたかも自分が電車を運転しているような気分になっていた。今考えれば、実にたわいのない話ではある。

ハイライトは、複々線の芦屋辺りで並行するローカル電車をじりじりと追い抜く時だ。まさに醍醐味で、並ぶ相手の車内を「どうだ」と言わんばかりに覗き込んだ。東京のスカ線での追い抜きシーンとは全然異なり全くうらやましい限り、その優越感は忘れられないひとこまであった。

●世界の流線型登場の歴史（ミニ版）

鉄道界における流線型車両の研究から実現に至る道程には厳しいものがあるが、あまり書物には取り上げられていない。

初めて研究に取り組んだのはアメリカとドイツで、本格的に取り組み、実現したのがアメリカのバーリントン鉄道「ゼファ号」と言われている。１９３４年（昭和９）のことだ。１９３３年頃から高速運転のための流線型車両の研究・採用を考えたもので、これは、のちに世界的な傾向になった。

我が国でも次ページの表のように、京阪、鉄道省をはじめとして多くの流線型車両が世に送り出された。その態様は大方が新設計による新製車であったが、鉄道省デビューのＣ53形蒸気機関車は改造による珍しいもので、これを基に流線型のＣ55形が生まれた。

日本国内のおもな流線型車両

年次	車　種
昭和８年	京阪　びわこ60形（連接車）
昭和９年	省　Ｃ5343（改造）
昭和10年	省　キハ42000形
昭和12年	省　Ｃ55形（20～40） 省　キハ43000形 名鉄　モ3400形 名鉄　モ850形
昭和13年	南海（高野線）クハ1900形（展望車） 京阪　1000形（スカートなし）
昭和17年	西鉄　モ500形（連接車）

その極めつきは、我が国で設計・製作した最高１４０キロを出す満鉄アジア号で、蒸気機関車５形式のうち特急用パシナ型12両が世界の話題に上ったと言われている。

●流電の営業運転開始日は？

52形流電について『日本国有鉄道百年史』では特に取り上げてあった。

「10年度に画期的な流電が計画され、阪神間の急行電車として登場した。その斬新な外観と明るい塗装で当時非常な話題となり、長距離電車としてスカ線に次いで大きな意義を持つ電車であった」と述べている。

この関西流電の登場は関東の鉄道ファンの耳に入ってはいたが、関東から乗りに行かれたという話はついぞ聞いたことはなく、まして一般のサラリーマン家庭では全くお呼びでなかった。何で関西だけに出たのか、ただただ残念がるばかりであった。

さて、小見出しにあげた流電の営業運転開始日はいつだったのか、という不思議だが、本当に不思議なことで、ハッキリしたことがわからなかったのだ。大鉄局（大阪鉄道局）年表には昭和

11年（１９３６）５月１日と記されており、大方がこれを信じていたのだろうが、関西の方からはどなたに伺っても５月説・６月説があり、今ひとつハッキリしないと伝えてきた。

今頃まで誰も調べなかったのも甚だおかしな話で、平成14年（２００２）10月、『旧型国電50年Ｉ』（ＪＴＢ）を上梓する際、このことの重要性を感じて同社の編集長に調査に乗り出していただいた結果、朝日新聞大阪版の記事にたどりついた。

タイトルは「飛べよ　鯨頭省電」――。「５月11日から試運転に阪神間23分あまりで走行」、「14・15日から実際に使用するはずだったが、この日の成績が素晴らしかったので13日初電から一般乗客にデビューすることになった」とあり、５月13日が正解であることが判明した。編集長の取材力にはただただ恐れ入った。

なお、当日は出発式が行なわれたのか、駅頭の装飾があったのかどうかは判然としない。

では、一体この流電を誰が設計したのかというと、これがまた最近までわからなかった。ところが交友社の『鉄道ファン』に、「モハ42系を投入し電車化を進め、次いで本省工作局客貨車課主任技師・佐竹達二氏のデザインになるドイツ系の前面４枚窓流線型とし……工作局車両課電車担当の柴田技師（柴田式自動連結器で著名　筆者注）を中心に設計が進められた」とあった。

このモハ52形の編成と使用開始日を次ページに一表として記する。

流線型電車　編成表

流電	使用開始	編　成
第1次	11-5-13	52001＋48029＋46018＋52002
第1次	12-8	52001＋66020＋48029＋52002
第2次	12-6-15	52003＋66016＋48030＋52004
第2次	12-8-22	52005＋66017＋48031＋52006
半　流	12-9-17	43039＋66018＋48033＋43038
半　流	12-9-18	43041＋66019＋48032＋43040

（注）半流43形は追加製作で、車内・性能は52形とほぼ同様であるが、工作の簡易化で半流スタイルになったもの。

●問題を残した流線型

昭和13年（1938）の大阪のあと、昭和18年に四国を訪れた際、大先輩の小山憲三先生から「帰りに関西省電を見てきたら」という素晴らしいアイディアとともに、大阪鉄道局教習所所長の加賀政之助氏のご紹介をいただいた。なお、そのうえ加賀氏ご自身のご案内をいただけることになったのだが、その際の関西流電の話はまったく意外であった。

①運転室は広くて評判は良いが、乗務員扉がないため、昨今のラッシュ帯運行の出入りは誠に不便だと乗務員から苦情が出ている。
②検査員からは検査時スカートは邪魔になるとの苦情。
③総合判断として空気抵抗の減少は見られず、コロ軸が威力を発揮しているくらいである。

こんな具合に、評判の高い関西省電の流線型も、いくつかの問題を抱えていたようだ。

この時、当時の試験データ表と結論を出した公式書類をいただくことができた。大筋は、速度とスカート問題が焦点となっていた。スカートは重いヨロイ・カブトとして敬遠され、急行廃止後はとうとうスカートの復活はなかった。この問題はC55形蒸気機関車にも影響し、その流線スタイルは改造され、一般型と同じスタイルになってしまった。

関西省電電車区を訪問して

関西省電の電車区訪問は昭和18年（1943）8月、19年5月、20年1月の3回であった。このうち、18年8月は前述の四国へのひとり旅の帰りであり、2日間にわたる、充実した電車区訪問だった。

淀川電車区（現在は森ノ宮電車区放出派出）にある省電始元之碑。関西地区で最初の電車運転を記念して建てられた

●淀川電車区・明石電車区・宮原電車区

淀川電車区は、関西地区で最初に省電が走り始めた片町線の電化完成とともに誕生した電車区で、正面玄関横には「省電始元之碑」が建立されていて感激。モハ60形などを撮影したが、すべてライトには防空覆いが付いていて、そのタイプは東京とは大分異なっていた。

当時の淀川電車区は、城東線桜ノ宮駅の近くにあり、昭和60年3月、片町線放出駅《はなてん》近くに移転している。その移転に際して碑もそちらに移設となっている。なお、この淀川電車区は、平成9年（1997）3月、森ノ宮電車区放出派出と変わり、その名称は消滅している。

翌日は明石電車区。当時、西明石駅は開設されていなかったため、明石操車場にあった明石電車区までは駅からかなり離れていた。明石駅で待つことしばし、職員輸送用42011車（大アカ＝大鉄局明石）が入ってきて、こちらに乗車させていただき、15分ほどで電車区横の仮ホームに停車。広大な操車場はガラガラで、遠くに旧播丹《ばんたん》鉄道の古典客車が置かれていた。電車区の技術の方からは51047台車上の特殊装置（AREブレーキ）の説明をしていただけた。

ここでは流電を主に見せていただいたが、収容線にいた52003の一統はすべて茶色になっていてガッカリ。そして車内に入って2度ガッカリ、クロスシートの間引き配置で、中央部分は座席一切なしの有様だった。

次に訪れたのは宮原《みやはら》電車区。宮原操車場の一角にあり、現在は新幹線から車庫構内を見下ろせるが、当時は大阪駅が最寄り駅であったため、大阪駅からC5753の牽く回送列車に乗って新淀川を渡り、10分ほどで操車場着。

半流線型仕様のモハ43形編成と、クハ58023ほかを撮影。58025がお目当てだったが、当日は営業中とのこととて庫にいなかった。宮原操車場内にはＢ５０１５やＣ５３４０など、撮影したい蒸気機関車も多かったが夕暮れとなり、残念ながら断念。

最後、大阪駅に出て「あれっ」と思ったのは、見ると聞くとでは大違いを地でゆく光景。それは、城東線と西成《にしなり》線の電車が同一ホームに東と西に鼻を突き合わせて停まっていたことで、こんな話は関西の友人からも一切聞いてなく、本当にびっくりした。

戦時中は空襲に備え、前照灯に防空覆い（光が上方に漏れないようにする）が取付けられた。昭和17年５月、東京競馬場前

城東線の電車は淀川電車区で回送線を回って京橋駅に入線するため、奇数向きは大阪方。一方、西成線の電車は宮原電車区持ちのため本線から入るので、奇数向きは天王寺方となるため連結はできない。

このあと昭和18年10月１日の改正から城東・西成線直通工事が竣工し、直通運転できるようになったと『関西国電略年史』に出ている。しかし、このために淀川電車区の車両を全部ひっくり返したという記事は全然出てこない。

さらに環状運転は、昭和36年4月に始まり、森ノ宮電車区が開設されるなど車両数はふくれ上がったため、この頃では不可能と思われるので、宮原電車区の車両が西成線の運用を持たなくなった時代と思われる。

そこに、環状運転の下地を作ったとする考え方も成り立つ、大きな出来事といえよう。

参考までに電車の先頭車の奇数向き、偶数向きについて触れる。電車は客車や貨車と違って、車両間をブレーキ系統、暖房系統だけでなく、電気系統の複雑な高圧・低圧引通し線が進行方向の左右に配置されており、これを方向転換すると、左右が変わるため連結運転できなくなる。唯一の例外は、先頭車が両栓構造となっていれば別で、この代表的な車両は485系である。ちなみに運転室の向きが奇数向き車とは、東海道線を基準にすると東京方、偶数向き車とは大阪方である。

●四国ひとり旅では

四国へのひとり旅では、学友・高橋君の親戚宅にお世話になり、高松周辺→琴平→松山と回った。昭和18年（1943）8月1日から12日間、旅を終えて東京駅へ戻ってきたのは9時36分着の急行116列車（食堂なし）で、懐にしたお金120円は使い果たし、ホームに降り立った時の財布の中身はたったの12銭。都電に乗るのもやっとのことで、東京駅での帰還祝いの豪華な朝食は一場の夢と化した。

この旅行は、親が子の短い（？）人生のはなむけとして贈ってくれた旅行であり、当時の国情では20歳以上の男子はお国のために差し出さざるを得ず、自分で武運長久を祈って来いという願いもあったようである。しかし、当人は将来の運命などはどこ吹く風、旅と鉄道を堪能してきた次第。

鉄道写真とフィルム

私の電車の写真歴は、今年でちょうど74年になる。撮りたくても撮れなかった時代も含め、鉄道写真とフィルム雑感を書いてみたい。

●昭和14～19年（1939～1944）

おんぼろカメラでも持てた家庭は稀、でもホームでの撮影はご法度。車両を記録したメモも見つかったら警察に引っ張られる大変な時代で、仕方なく人脈を作り車庫で電車を撮らせてもらったが、当時カメラが1枚レンズの単玉《たんぎょく》であったから、良い画像が得られるはずもなく、大方は車両の見聞録時代で終わった。

戦前のフィルム感度はDIN（ドイツ規格）で、のちにASA（アメリカ規格）を経てISO

（国際規格）が使われているが、国産白黒フィルムでＤＩＮ13（ＡＳＡ16くらい）が一般的で、高級フィルムでは、小西六（現・コニカミノルタ）のさくらＵＳ（Ｕはウルトラの意味）、ＤＩＮ19（ＡＳＡ64）があったらしい。

ところが私たち庶民はメーカー品を全然入手できず、常にキク、オリエンタルといった二流どころで我慢するほかなかった。この流れは、昭和27〜28年にネオパンＳＳやさくらＵＳＳ（ＡＳＡ１００）が出るまで続いている。

ところでＤＩＮ13という感度がどんなものか、今の方々にはピンとこないと思われるが、停車している車両が対象の形式撮影でも、カンカン照りの順光で絞り５・６、シャッター速度１／25秒がやっと。カメラに１／50秒や１／１００秒があっても現実には使えず、曇天や小雨では撮影は休止。

一方、車内撮影は発光器（電球取換え）を使わない限り、絞り４・５（開放）、３〜５秒という有様で、三脚は必須道具。それだけに、当時の鉄道写真があったら貴重な画像と考えていただきたい。

●昭和20〜24年（１９４５〜１９４９）

戦後の混乱期で極端なフィルム入手難。手近な方法として進駐軍横流しフィルムに飛びついたが、大部分が感光しているというダメージが多く、あたら貴重な画像（例えば進駐軍客車など）

を駄目にしてしまった。

国産フィルムは年に2～3本（16枚撮り）が買えたらオンの字で、撮影をどの車種にするか考えながら、惜しみ惜しみ使った時代。

この年代はどんな時代かというと、昭和21年の新円切替えで、仮に800円の給料でも500円としてしか使えない。昭和22年の6～10月は食料遅配と栄養失調の増加はピークに達し、列車の間引き運転もあり、撮影旅行は論外であった。

とはいっても、近場（青梅・南武・鶴見線など）は昭和21年9月から撮影を開始したが、昼は外食券食堂（A食2円、B食3円50銭）でと思っていたら、すぐ売り切れ。朝夕の五分粥では撮影に行くこと自体が難行苦行、しまいには撮影意欲も湧かなくなってしまった。

この頃のフィルムといえば、乾板、ベスト、ブローニー、35ミリ判とあったが、35ミリ判（カメラは主に外国製品）を使っている人は稀で、ベストかブローニー（ブロ半といってセミ判16枚撮り、終戦時は富士ネオクロームで2円41銭）使用のカメラが大部分であった。

フィルム感度はいっこうに良くならず、二流品しか入手できなかった。昭和13～20年はフィルムは全て軍用、同21年からはフィルム・カメラともに進駐軍優先（小西六本社の前にGIの行列が出来た）、22年7月～23年3月までGHQ（連合軍総司令部）命令でフィルム生産禁止であった。

フィルムを手に入れるために、早朝4時に出かけていったこともあった。

フィルム感度が悪く、夜の撮影はプロでないと無理と思われた頃だが、181ページに掲載した寺田貞夫氏の作品は秀逸だ。

●昭和25〜29年（1950〜1954）

フィルムの感度がようやくASA50（S）、ASA100（SS）になり、1／250秒装備の国産カメラも出始め、走行写真撮影も可能になった。ただし、カメラの値段は恐ろしく高かった。私の場合、昭和29年にパールⅡ型のF3・5付きを3万150円（物品税別）で入手したが、当時の月給は6600円、サラリーマンローンとてない時代だから、1年近く貯めて買う有様だった。

なお、フィルムの富士ネオパンSSは昭和27年4月、さくらUSSは28年3月（いずれもASA100）に発売。ネオパンSとコニパンS（ASA50）はさらに1年遅れて発売された。

この頃は、アメリカ映画ではテクニカラーが全盛。昭和25年頃にロール用カラーフィルムにアグファー（青系統）、ゲバ（赤系統）が輸入されており、友人と共同で使ってみたが、出来栄えは5原色にはほど遠く、3色がよいところでがっかりした。

●昭和30年代（1955〜1964）

鉄道ではカラー写真向きに塗色された新車が出始め、多くの鉄道ファンがカラー併写を志したものであった。国産リバーサルフィルム（ポジフィルム）は昭和24年から発売されていたが、余りにも高かった（富士35ミリ20枚撮り６８０円、さくらでブローニー６枚撮り７５０円、いずれも現像料込み）。私が使ってみたのは昭和29年からで、発色は外国品よりだいぶ良くなっていた。

しかし、外国品・国産品を問わず、絞りが半段狂うとダークか色飛びになり、出来栄えの良いものは16枚中４枚という情けない結果だった。

昭和30年代のカラー写真はきわめて貴重品、お手元にある方はどうか手入れに気を使っていただきたい。

ちょうどこの頃、昭和31年３月に白黒では富士・さくら両社同時にＳＳＳ（ＡＳＡ２００）が発売された。物は試しとさっそく使ってみたら、曇天の16時頃でも、絞り８、１／１００秒で撮れるのには驚いたが、写真を引伸ばしたらあまりにも粒子が粗いので、１本使用してさっさとあきらめてしまった。

一方、昭和30年代前半に露出計組込みの国産35ミリカメラが発売され始め、私もコニカ、キヤノン、ニコンと逐次機種を変えるに至ったが、後半の同35年頃ではロールカメラより35ミリカメラのほうが多くなった。フィルムもネガカラーＡＳＡ16から32、50、64と進み、包装形式も暗室装填からパトローネ入りに変更され、カメラへのフィルム装填が大変楽になった。

●昭和40年代（１９６５〜１９７４）

ＳＬブームが到来。私もＳＬ行脚を志した。しかし、地方の電車区などに顔を出すと「当区においでになったのは何かのお間違えではありませんか。ＳＬは1両もおりません」との御託宣。ただし、電車に関しての撮影サービスは抜群だった。

この頃には、一般家庭でも写真を撮る面白さが加速されたようで、カメラ普及率は50パーセント（2世帯に1台）と飛躍的に増加した。フィルムもＡＳＡ１００・２００から４００の時代を迎え、外国向けフィルムまで発売されるようになった。

●昭和50年代（１９７５〜１９８４）

この時代は新車！　新車！　の登場で、鉄道趣味でもお若い方が大活躍。撮影者が形式写真よりも走行写真に目を向け始めたのが印象に残っている。

その後のフィルム感度は逐年向上し、ＡＳＡ４００が出たと思ったら、ＩＳＯ１６００も店頭に並ぶ様子は、天候を気にせず使える、万能タイプに近づいたような気がする。

昭和50年代後半の同58年の日本のカメラ普及率は88パーセント。庶民生活とカメラは密着し、外国での日本人の特徴といえば眼鏡とカメラに代表されるまでになった。

全天候フィルムで思い出されるのは、フィルム感度が良くなる以前はレンズで補えと教えられ

カメラは現在もフィルムタイプを愛用している。写真左のニコンFは3台あり、モノクロ、ネガカラー、リバーサルカラーと使い分けた。写真右のマミヤ6オートマット（6×6判）も、カラーで形式写真を撮る時などに使っている

たことだ。そこで、「猫の眼レンズ」F0・95がキヤノンから発売される一幕も懐かしい思い出となった。

フィルム感度の苦労話ばかり書いてしまったが、昔は良い形式写真を撮るには、季節が重要な要素を占めていた。国電を例にとると、昭和49年以降に冷房が普及するまでは、窓がバラバラ開いている醜い姿を撮らないためには、寒さで窓を閉める11～3月にしか行動できなかった。

鉄道写真とは寒い季節のものと、観念していたのも苦い思い出であった。

昭和50年代以降のカメラとフィルムは、ご存知の方も多いと思うので、私の昔話はこのあたりで終わろう。

●好きになったレール趣味の昨今

省電に始まった撮影だが、時が経ち、全国の電車化には参ってしまった。省電時代には東京・大阪という限られた守備範囲に目を光らせていればよかったのが、全国規模になると

金と時間が足りなくなった。

車両も多すぎて経年変化は顕著になり、国鉄・私鉄とも新車は目まぐるしく登場。それらの新車が趣味の対象なのだが、何で電車に首を突っ込んだのかと、我ながら頭をかしげたくなる。

まぁ、全国規模の大所帯であるJR電車の研究は、苦労ではあるが、それなりに研究のし甲斐があるんだと、自分自身に言い聞かせている昨今である。

●形式の研究を大切に

私は車両を撮る以上、基本として形式別の研究を優先し、形式写真の撮影の後、走行写真を撮っている。

昨今の鉄道趣味誌の写真説明を見ると、「○○鉄道上り列車」とあるだけで系列すら書いていないものが見受けられる。先頭車の番号、クハ○○ほかとでも記載されていれば、それは立派なほうである。

この話の裏付けではないが、私と一緒に撮影された方に、「今の先頭車はクハ○○だ」と教えてあげることは差し支えないが、撮影者が私の言うところの「基本に忠実」を実行していただければ、ご本人の今後の研究にも厚みが増すと考えるのだが、どうだろうか。

第2章

昭和初期の電車事情

山手線

私が山手線を利用し始めたのは昭和7～8年（1932～1933）頃であったから、もっと古い山手線の話は書物に頼るほかない。ところが、中央線などに比べると山手線に関する記述は非常に少ない。せいぜい里見弴《とん》の『善心悪心』（大正5年刊）に出てくるくらいだ。

物語の終盤に、主人公と友人が芝浦付近に行った帰り、鉄道線路の土手に上がって新橋方面に「土手ぎはの草を踏むくらゐ、端を歩いて」いると、「山ノ手電車」に轢かれてしまう、という内容の一節がある。草が生えた土手を走っていた山手線とは、今では想像もつかない。

●山手・赤羽線のデ963形（単車）使用

戦前、鉄道愛好者の先輩・高松吉太郎氏のお宅で明治末期の呉服橋引込線に停車中の単車（2軸車）の写真を拝見した。しかし当時の山手・赤羽線の編成はニデ＋（客車）＋デの3両編成で、中間は旧甲武鉄道の客車である。残念ながらこの単車が組込まれていた編成があったことは『省電史綱要』（東鉄電車係発行）でも触れていない。

この疑問を解決すべく、国鉄本社におられた大熊孝夫氏は乗務員行路から割り出し、念願の山手・赤羽両線の単車のスジを特定され、交友社発行の昭和49年『電車』4月号に発表されたのに

黎明期の国電(院電)は路面電車のような2本ポールだった。明治43年6月頃、有楽町駅に停車中のホデ6110形。所蔵：三宅俊彦

は全く恐れ入った。

結論は、品川庫持ちはホデ6100形の新鋭バリバリのボギー車（2個の台車をもつ車両）で90人乗り、新宿庫持ちは53人乗りのデ963形単車で、2～3両編成で新宿～上野または板橋間を走っていた。

●山手線に20メートル車が入ったハプニング

山手線は木製車一色であったが、東京付近電車使用線区に半鋼製車が、大正15年（1926）12月に入った。客車より一足早く導入されたので客車ファンを悔しがらせたものだ。半鋼製車とは、のちに「17メートル旧型国電」と分類されたグループの車両たちである。

この時の状況を、小山憲三氏が「昭和3年9月、ようやく山手線に4両がおこぼれとして転属し――」と躍り上がって喜ばれた少年時代の思い出を語っておられる。この時の「おこぼれ」の表現は、全く的を射た表現と言えよう。

当時の山手線は基本4両+付属2両の編成で、旧型木製車（車長15メートル強）が2両入っていれば事足りていたわけだが、昭和11年（1936）11月、何と山手線に20メートル車が入り、電車のことはよく知らない人も喜んで飛び乗ったものだ。

この20メートル車は、のちに「戦前型旧型国電」と分類されたグループで、最初に登場したのは「平妻型」と称された前面が平らな車両たちで、続いて登場したのが「半流型」と分類された前面に丸みのあるスタイルだった。

この半流型の、クハ55形という20メートル車7両（池袋区4両、品川区3両）が山手線に配置された。万歳を叫んだのも束の間、駅によってはホームから2メートルほど出張ってしまい大弱り。仕方なく大駅の駅員が2人ずつ次の大駅まで乗り込み、ホームから出張った先頭車のドアに縄を張って乗客が落ちないようにする破目になった。こんなやりくりも長く続かず、まもなく下十条区へ配置換えになってしまい、山手線から20メートル車は姿を消した。

●モハ60ノッペリ車拝見

昭和14年（1939）12月の中学校からの帰り、いつものように池袋で山手線の電車を待っていた時、オヤッと思った。後ろのほうに今まで見たこともない奇麗な車両が付いている。あわててホームを駆けてゆくと、モハ50よりもっと奇麗な、車体前後の妻板が丸い、ノーシルヘッダー

戦時体制で電機品が調達できず、サハ（附随車）代用で使用されていたモハ60。昭和14年12月、池袋電車区

のつるっとした車だった。あわててナンバーを見るとモハ60001となっている。モハ60とは初めて見る車両、ところがモハのくせにパンタグラフがない。とにかく夢中で乗った。

まさに一目惚れ、このとき以来、このモハ60は今もって私の一番好きな電車になった。モハ50よりずっと長いのは室内を見渡してもすぐ気づいた。京浜線のモハ41とよく似ている、それにしてもパンタグラフがないのになぜモハなのだろう？　走り出したらモーターの音がしない。運転室を覗くとコントローラーも付いていない。変だなぁと思いながら子供心にも、これはこれからモーターやパンタグラフを付ける車だろうと思った。

そこで池袋電車区を訪れ、撮影の許可をいただき、写真撮影をさせてもらった。夕方で撮影条件はあまり良くなかったのは仕方がなかった。車両の連結面を見たら、検査票差しの記録は無記載でこんなことは二度とないと思い、外部と2枚撮影した。

投入のいきさつは、乗客へのPRのために仮配置したものということで、電装前の60001・60002を池袋へ、60003・60004を蒲田へ、60005を三鷹へ貸し出したとのこと。昭和15年6月下旬、PR終了で大井工場へ送り、電装のうえ正規の蒲田電車区に配置している。

ちなみにモハ60はその時以来、ほとんど山手線を走ったことはない。

●山手線に両開き扉車現る

大正15年（1926）、半鋼製車が東京付近省電各線に登場して以来、木製車と半鋼製車は混用されてきたが、木製車体の弛緩が見立つようになり、昭和9年（1934）、木製車を鋼体化する計画が始まった。まずは、鋼製車体の50系を造り、昭和17年まで9年をかけて大井・大宮工場で改造した。

このなかで色々な試作車両が登場している。例えばノーリベット車体、座席減少、3段窓、両開き扉車等のアイディア作品である。なかでも昭和16年7月3日、大井工場でただ1両、サハ75形に両開扉試作が行なわれ、これが4日付日刊新聞に「今日からお目見え」と報じられた。

内容はというと、「扉の幅は1メートル30センチだから優に2人で出入り出来る。ほんの僅かであるが、時間が従来の3秒から2分の1秒短縮される。新橋運輸事務所の荒井係長らが乗り込ん

改造車ながら初めて1.3メートル幅の両開き扉を採用したサハ75021。惜しくも戦災で廃車になった。昭和16年7月、池袋電車区

で、結果が良ければ漸次改造される」――とあった。同年7月4日には49仕業に組込まれ、編成はモハ40074+サハ75021+サハ25122+モハ31023+クハ65132+モハ50057であった。しかし、編成のなかにただ1両では効果のほどは残念ながら不明で、この車両も昭和20年4月、池袋電車区の被爆の際に焼けてしまった。

このアイディアが見直され、実を結んだのは16年後に登場した最初の新性能国電101系からであり、サハ75021ももって瞑すべきであろう。

●山手名物おじさん現る

昭和15年（1940）ともなると戦局の様相から「道徳高揚」が叫ばれ、いちばん目の敵にされたのが学生だ。通学区間2キロ以内の定期不売、そして歩け歩けを奨励。従って、電車通学をしたいために故意に住所を移す人も

出る始末。

こんな頃に、50歳前後のロイド眼鏡をかけた変なおじさんが出没するようになった。日の丸の旗を持って山手線の車内を歩き、「おほん、おほん、そこの学生、席を立て、いい若者が何だ」とやらかす。席が空いていても同じようにやらかすから、学生は一斉に席を立って見送る。

これを一日中やっていたから、学生たちは鉄道省から無料パスを貰っているのだろうと思っていたが、どうやら鉄道省は黙認しているらしかった。

終戦以後は見られなくなったので、学生仲間では恐らく亡くなったんだろうと噂していたところ、昭和22年頃から今度は日の丸のタスキを掛けて現れた。ところが、この頃になると山手線も混雑がひどく、おじさんは車内に入れず、しばらくはホームで叫んでいたがまもなく止めてしまった。

昭和24年頃にはもうひとり、太鼓腹の元気なおじさんが現れ、冬でも半身裸で竹竿の先に「南無妙法蓮華経」の旗を立て、日の丸鉢巻きをしてのっしのっしと車内を歩き回り、いろいろと説教をたれる。そして、決まって「人間は生まれた時に返れ」が最後の言葉であった。

昨今のシルバーシート（優先席）との関連を考えると、一時代を画した山手名物おじさんの懐かしい思い出の一コマである。

●池袋駅、増解結中の運転士の離れ業

戦前、ラッシュ時間帯の池袋では分割併結作業を行なっていた。内回りの場合、編成の後ろで連結作業をするのだが、作業中に次の電車がやってきて坂の途中で一旦停車する。戦前は今と違って、場内信号が赤でも一定時分停車すれば、汽笛ならぬホイッスル一声で起動し、増結作業中の編成の後ろ1メートルくらいで停める。

実は、山手線の標準勾配は五反田〜目黒間13・5パーミルを最高に、10パーミルを超える区間も駒込〜田端、田端〜日暮里間などにある。大塚〜池袋間は7・9パーミルとなっているが、駅の北側では平地から急に上り勾配になるので20パーミルくらいあるような気がする。

従って、坂を上りきったところがホームの端であり、勢いよく上ってきた次の電車は前の電車の最後部にぶつかりそうになるため、運転士は大慌てでブレーキをかける。学生の頃はこの名人芸が面白くて、見ているうちに何度か学校を遅刻した。まあATS（自動列車停止装置）がなかった時代だからこそ、こんな運転が出来たのだろう。

戦後の話になるが、この池袋駅での運転について『国鉄列車ダイヤ千一夜』（交通新聞社刊）で、著者の猪口信氏が体験談を紹介している。

「……池袋駅の場内信号機で停車となる。この場内信号機付近は、川越街道をくぐり抜けて上り

昭和15年10月頃の山手線線路図

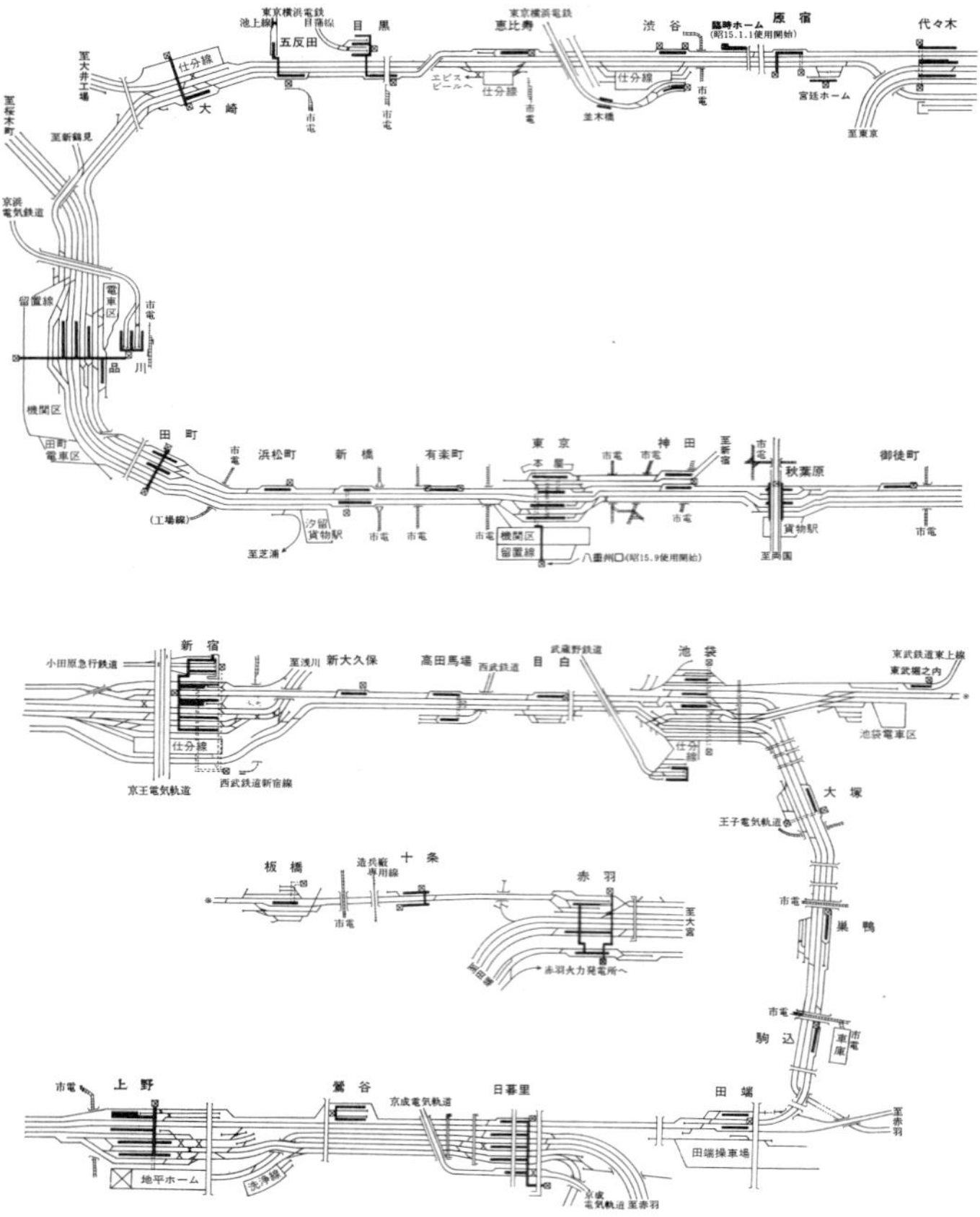

勾配となる。このため、起動時にはブレーキをかけたままノッチオンすることとなり、『ジャリジャリ、ガリガリ』させながら入駅し、超混雑駅のホームに到着するわけだ。もちろん、ホーム上は立錐の余地もないほどの状態となっている。停車時間はわずか40秒ほどだが、電車が今まさに停車しようとするその瞬間、ほんのわずかなタイミングを見計らい、ドアスイッチを『ポン』と扱ったものだ。そのタイミングはまさに神業ともいえた」と書かれている。

停車時分短縮のためとはいえ、今では考えられないことだ。また、乗客はこのことをよく知っていて、自分が降りる階段付近に差しかかるとパッと降りる人がいる。時々これがホームの乗客とぶつかり、軽い傷害トラブルを起こしていたが、鉄道好きの人たちは、これを「半ドア車」と呼んで見ていた。

今となっては忘却の彼方になったが、よくぞこのことを書いていただけたと思っている。

●山手線沿線に見る機関車

山手貨物線の話も書いてみよう。

まずは入替え機関車では、戦前の東京駅に顔を出していたのは２２０１・２３００・２３８２形、このほか２５００形も時々来ていた。いちばん驚いたのは、この２５００形蒸気機関車が小さな身体で、地平から高架上への急坂を10両近くの客車を押し上げている姿だ。感心して見てい

山手貨物線を走るEF13形。資材節約のための凸型車体が特徴だったが、後に箱型車体に取り換えられた。昭和29年10月、渋谷駅

たものだ。

新宿には飯田町機関区の5501・5508・5560・27113形といった顔ぶれが見られた。貨物線ではD5123。この機関車と最初に出会ったのは昭和15年（1940）の11月のこと。「変な形があるんだなあ」とびっくりした。

キャブナンバー（ナンバープレート）が車体の変なところにあって、機関車をあまり撮らない私でも写真を撮りたくなったが、沿線での撮影はおっかなくてカメラを出す気にはならなかった。

また、昭和29年12月の貨物線電化後は、凸型のEF13という電気機関車が貨物を牽く姿を見て、「恐ろしいゲテモノ」と感じたが、10パーミル以上の勾配をスイスイと上って行く様子には、電気機関車は結構力があるんだと感じ入った次第。

●コマーシャルソングに山手線

戦後、街頭の旋風といえば、ガナリ立てる街宣自動車、パチンコ屋の軍艦マーチなど。こういったところが宣伝を煽るなかで、新宿西口にヨドバシカメラが進出してきた。

店の前を通ると「丸い緑の山手線、真ん中通るは中央線、新宿西口駅の前……」、灰田勝彦の歌う「お玉杓子は蛙の子」の替え歌が流れ、山手線では緑色の１０３系がま～るく走っていた。

ヨドバシカメラにお聞きしたら「今まで歌詞は5回ほど変わっているのですが、いまだに愛されています」とのコメント。実際問題として、初めて東京に出てきた人にとっては、この歌詞がいちばんわかりやすい「東京案内」との話を耳にする。

緑一色から緑の帯へと変わってきてはいるが、山手線とともに歩んだ約50年、今後も緑の帯は山手線と付き合ってゆくのだろうか。

中央線

明治39年（１９０６）の鉄道国有法の公布により、鉄道省の前身である鉄道院は甲武鉄道を引き継ぎ、飯田町～中野間で院線電車の運行を始めた。これが中央線の始まりで、その後中央線は、大正8年（１９１９）1月に吉祥寺まで、昭和5年（１９３０）12月には、浅川（現・高尾）まで電車化された。

浅川から先は、昭和6年4月に甲府まで電化された。そして昭和8年7月から、列車の始発駅は飯田町（水道橋～飯田橋間にあった駅）から新宿へと変わった。

大正12年9月の関東大震災以降、都心居住者がまず移った先は中央線の沿線だった。沿線には、昔は国木田独歩ほか多くの文士も居住していた。その後は東京のベッドタウン化が進み、戦後の混雑度は全国1位の連続であった。

●急行電車という電車

昭和8年（1933）9月、東京～中野間が複々線化となり、「急行電車」が生まれた。当時、有料の急行列車があったから、料金不要の急行電車が誕生したのはおかしな話だが、当時は誰もおかしな話と思わなかった。到達時間が早いサービスの意味として「急行」と付けたのだろう。

しかしながら、初めての急行運転にもかかわらず一切新車の計画がなく、依然、木製車と半鋼製車の混結の編成でまかなったのも全く不思議な話である。だが、ラッシュ時間帯の運転区間は階段的で、なかなかきめ細かい運用がなされていた。中野以遠は高円寺・荻窪・吉祥寺・三鷹・国分寺・立川・八王子の各駅から始発があり、通勤者の便宜を図ったものだった。

「急行電車」の運転当初は朝夕のみで日中はなかったが、その後、産業戦士（戦時下の労働者）

急行の標識板を出した、戦前の中央線電車。昭和17年５月、東京競馬場前駅

のために休日運転を行なったりもした。戦後は、混雑緩和のために四ツ谷駅無停車をやったり、土日ダイヤを作ったり、また、ラッシュ救済のため、東京～新宿間の空車回送をしたりと知恵を絞り、色々な施策を行なった。

その後、このおかしな「急行電車」の呼称に気が付いたのか、昭和36年3月、ようやく「快速」に改められ、落ち着いた。ただ、今はこれよりもっと速い「特別快速」が出来、1時間あたり4本の運転で本当に利用しやすくなった。

この列車種別は、戦後の阪和線では「区間快速」なるものが初登場したが、私鉄を交えると結構面白い呼称がずらりと並ぶ。その代表的な例が、京浜急行電鉄の「快速特急」だ。特急より速いというイメージで、ちょっと錯覚を覚えるが、どう受け取ったらよいものだろうか。

参考までに、現在、中央線には「快速」のほかに、「特別快速」は「中央特快」「青梅特快」と区分、ラッシュ時は「通勤特快」「通勤快速」が入り乱れて走っている。

木製の電動車で最後まで残ったモハ１形。現在はＪＲ東海のリニア・鉄道館に復元車が展示されている。昭和11年５月、府中本町駅。撮影：弓削進

●モハ１形頑張る

中央線急行の運転区間は階段的で、各駅停車は東京・両国〜中野間の運転で、急行・急行・緩行の順で東京にも入っていたが、昭和14年（１９３９）11月改正で両国発着のみに変わった。

この各駅停車の多くは木製車で、このなかに古めかしいモハ１形４両編成が２本あった。編成はモハ１＋モハ１＋サハ19＋モハ１という強力（？）編成で、ラッシュ時に限りノコノコと出てきた。

私は夕方に中野から乗車する際、必ずこの編成にぶつかった。モハ１形はモーター出力が半鋼製車の１００キロワットに対して85キロワットと小さいので、フル運転してもなかなかダイヤのスジ通りには走れない。どうしても御茶ノ水で後続編成に追いつかれる仕儀となり、昭和14年11月改正から両国行きのみとなった。

この編成は、ラッシュ時間帯の2分30秒間隔を保つために恐ろしく飛ばす。何せ、車齢21年の老体が速度を出すので、薄暗い電灯の下、車体はギシギシと鳴り、短冊状の板で造った背すりはカーブのたびに外れる。窓は歪み、閉まっているはずの窓がガタンと落ちる。落ちた窓を上げても、今度は他の閉めた窓が再び落ちる。走行中に外気が入ってくると、冬などはたまったものではない。夏に窓から首を出して後部を見ると、車両がマッチ箱をひしゃげた格好で走っている。

もちろん、この頃の乗客はこのことをよく知っていて、この編成が来ると乗らないで待つ人が多かったようだ。そのため、車内は意外に空いていた。

また、小さな子供たちなどは、モハ１形の下降式の窓と車両との4センチほどの隙間によく切符や手袋を落とした。昭和14年４月、中野区に新改造のモハ５００６６の張上げ屋根車の写真を撮りに行ったら、ちょうどモハ１の座席を外し、補修をやっていた。そこで、検査員にお客さんの紛失物のことを聞いてみた。そうしたところ切符がいちばん多く、次いでアメ袋、手袋、新聞紙、財布（中身あり！）、書類の順とのことで、やっぱりと納得したものである。

●サハ19という木製車

昭和12年（１９３７）頃の中央線は、東京付近の省電の運転線のなかでも木製車が圧倒的に多かった。いちばん記憶に残るのはサハ19という古めかしい車両で、ダブルルーフ（二重屋根）の屋根の側面にトルペード通風器が付いていたのですぐ見分けられた。この車は三鷹区にいたが、台車がＴＲ10形という古いもので急行用にはめったに使われなかった。

このサハ19の天井を見たくてしばしば乗ったものだが、電灯のカサが少々貧弱ながらもシャンデリア風の朝顔形で優雅に見える。豪華というほどではないにしても素敵な室内灯だった。

この電灯もだんだんと球形のグローブ調に取り換えられたが、朝顔形の電灯は昭和14年当時在籍の39両を調べたら26両（配置先は三鷹7、中野12、津田沼7）、昭和18年では20両が残っていた。その後、休車となった昭和23年頃にはほとんど残っていなかったようだ。

●モハ34形とモハ51形（半流）の登場

昭和7年（１９３２）、大阪は城東線に丸屋根20メートルの40系（モハ40・41、クハ55形）がデビューしたが、関東にはモハ33（片運転台）が出た。この車両は、東京付近の駅ホーム有効長と使用系列線区から見て、20メートルではなく17メートル車ということになったらしい。

このモハ33形は結果的に2両しか造られず、山手線の主的な存在として、昭和31年まで他線に移ったことはなかった貴重形式であった。ＢＯＸ運転室の横に細いカーテンがあって、下ろせるようになっていたが、ついぞ使用されたのを見たことはなかった。

それはともかく、33形と同設計で両運転台版にモハ34形が出た。15両が中央線、7両が山手・

中央線の下り方先頭に連結されていたモハ51形。セミクロスシートに人気があったが、戦時中はロングシートに改造された。昭和8年。所蔵：星　晃

赤羽線、4両が横浜線の計26両であった。

このうち、中央線での使用は吉祥寺〜浅川（現・高尾）間専用で、当初から基本2両で、ラッシュ時は三鷹から3両増結であった。

昭和11年5月から、どう転んだのか中央線の浅川方（下り方）に連結のモハ51形（半流・20メートル・BOX運転室・セミクロス）が三鷹区に入り、利用者は半流線型のその姿にびっくり。これが下り先頭で走る姿はまさに急行電車の象徴ともなり、老いも若きもトップに集まる形となり、鋼木（半鋼製車、木製車）雑多のロング車ばかりの中央線には「掃きだめに鶴」の感があった。混雑もひどく、何でまた、駅本屋（改札口）が下り側に片寄っているのに、あえて乗車率が高い下り方先頭に連結したのか、今もって理由が判らない。

この51形は主として長距離を運行する浅川行きに組み

モハ51形基本４両編成表（東ミツ）

昭18.1

浅川 ←			東京 →
51001	36052	39016	34001
51002	39012	39014	34002
51003	39013	65146	34003
51004	39018	39017	34004
51005	38017	38014	34005
51006	39015	38016	34006
51007	39010	39033	34007
51008	39032	65184	34008
51009	17094	65166	10176
51010	25132	25033	31009
51011	39011	25139	34011
51012	38013	38012	34012
51013	38015	25030	34013
51014	65165	65180	34015
51015	25144	25139	50001
51016	25159	25059	30169
51017	25037	25039	30167
51018	25161	25157	31015
51019	25034	25040	30151
51020	25141	25143	31057
51021	65177	17116	34014
51022	25135	39032	34018
51023	25156	25035	34017
51024	25133	25038	30157
51025	25031	65090	31007
51026	25158	65168	30173

（注）＿＿車はサハ代用車
※「東ミツ」は東鉄三鷹の略号
調査：星晃

込まれ、コンビを組んだのはモハ34形（両運転台）であった。

実は、このモハ34形は赤羽線と、中央線の立川～浅川間の深夜のみ、1両編成の単行で使用されたと伝えられ、昭和11年7月17日、小山憲三氏の調査事例のなかに、モハ51009（偶）＋

クハ１５０４５（奇）＋３４００３（両運転台）の記載が残っている。

残念ながら、私は中央線では確認しえなかった。

●混雑解消のアイディア

混雑解消のアイディアは、戦前から中央線での試みによって生まれるケースが多かった。戦前では別線急行運転もその一つで、特に朝の上りラッシュ時間帯の運転には気を使い、沿線の主たる駅からは、始発の上り電車をどしどし出してサラリーマンの足を救済したものだ。

ある日、三鷹駅で運用サボ箱がホーム駅長事務室の横に置いてあったので、全部を見せてもらった。サボとは、列車に掲示する行先表示板だ。

常備用＝東京発着　中野・高円寺・荻窪・吉祥寺・三鷹・立川・八王子・浅川

混雑用＝東京発着　千駄ヶ谷・大久保・東中野・国分寺・日野

これをもとに、今度は東京駅のホーム事務室に行き、ダイヤを見せてもらったら、

三鷹→両国→中野→東京→千駄ヶ谷

中野→東京→三鷹→東京→新宿

といった珍しい運用があることが判り、これが契機で線路配線図の研究を始めた。その結果、大部分の常備用サボのある駅にはＹ線（引上げ線）対応が出来ており、現在の中央線各駅とは雲

浅川～東京間線路図（昭15.7現在）

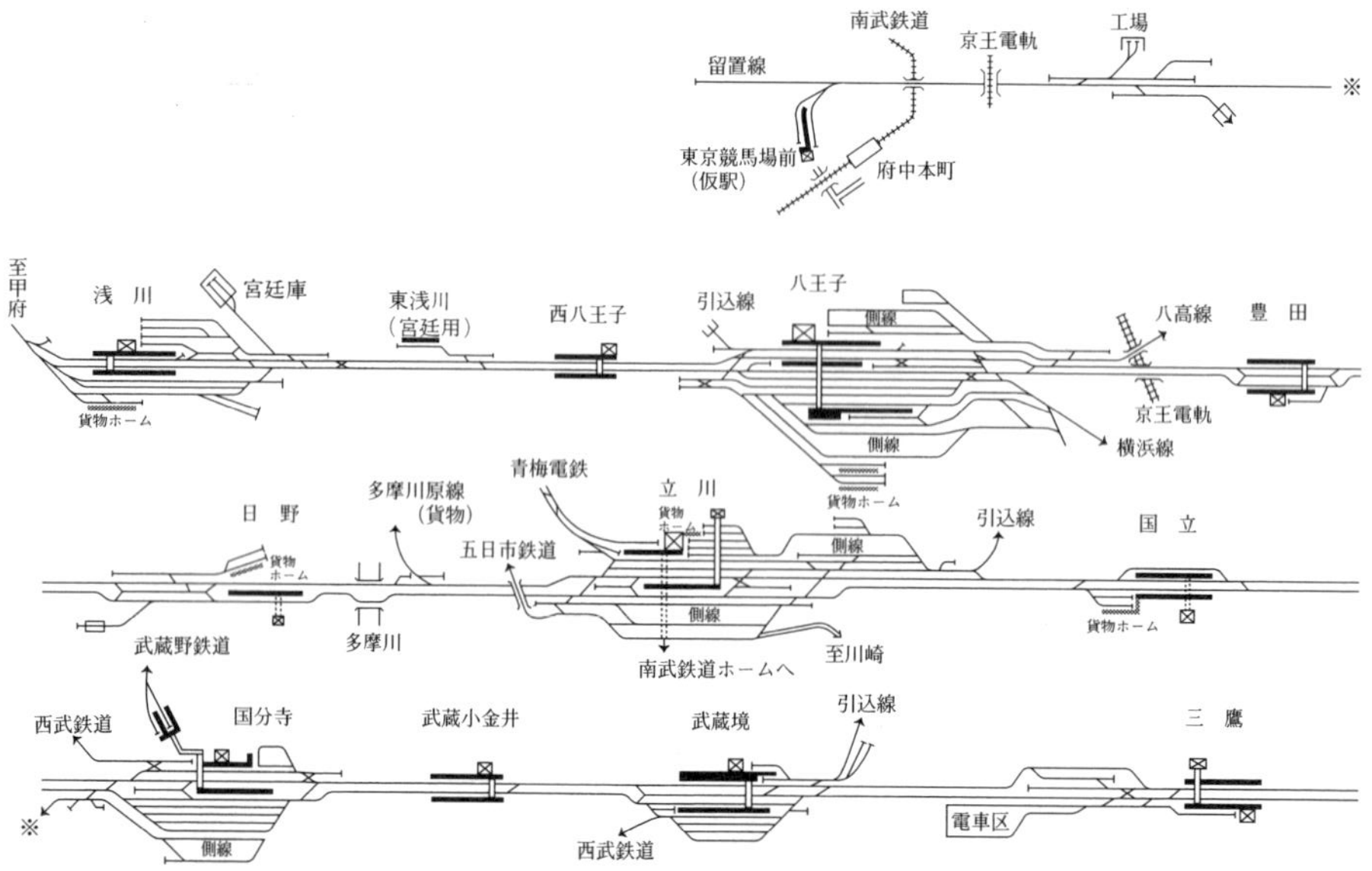

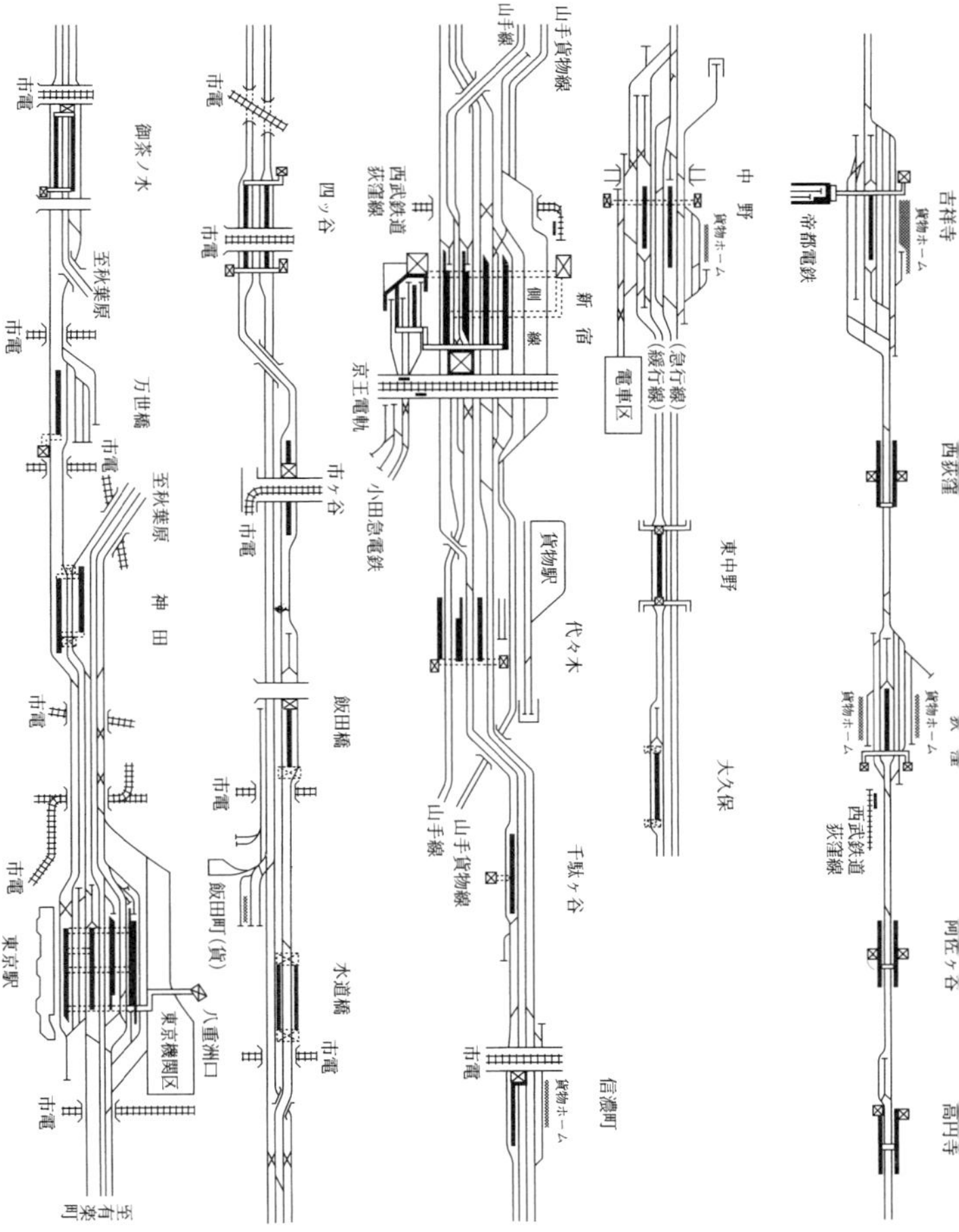
吉祥寺
貨物ホーム
帝都電鉄
西荻窪
荻窪
貨物ホーム
貨物ホーム
西武鉄道荻窪線
阿佐ヶ谷
高円寺
中野
貨物ホーム
(急行線)
(緩行線)
電車区
東中野
大久保
山手貨物線
山手線
新宿
側線
西武鉄道荻窪線
京王電軌
小田急電鉄
貨物駅
代々木
山手線
山手貨物線
千駄ヶ谷
市電
信濃町
貨物ホーム
市電
四ッ谷
市電
市ヶ谷
市電
飯田橋
市電
飯田町(貨)
水道橋
市電
市電
御茶ノ水
至秋葉原
市電
万世橋
市電
至秋葉原
神田
市電
市電
東京駅
八重洲口
東京機関区
市電
至有楽町

泥の差があった。

参考までにこのY線は飯田橋にもあったが、こちらも消えて久しい。

昭和13年（1938）11月では、下り方面の電車の運行の一部を東中野で打ち切り、中野へ回送し効率を上げていた。戦後の昭和22年2月には、休日を除き、東京〜神田間の最後部1両を空車回送し、神田からの乗客を救済、昭和22年5月には婦人子供専用車が生まれるなど、昭和48年8月まで息の長い混雑解消の施策を行なった。

特に目立ったのは昭和23年11月、上りに限り新宿駅1・2番線を交互使用したことだ。これにより、前の電車に乗り遅れた乗客が先行車に乗り移るため、2〜3人が突き飛ばされてひっくり返るというようなことが繰返された。とにかく、時間が貴重なサラリーマンにとっては有難い施策だったろう。

●臨電は花盛り

昭和9年（1934）4〜6月、日曜・祭日運転の臨電（臨時電車）に関西使用予定の42系（角型・20メートル・BOX運転室・2扉・クロス）の使用があった。

小山憲三氏が4月27日に体験乗車されたレポートが、この年の『鉄道』誌6月号に発表されているので、大変重要な記事と受けとめ再掲載させていただく。

「モハ42に乗って」　小山憲三

新宿〜浅川間　昭和9年4月27日

8時30分発臨1　42001＋42011＋42012＋43004＋43006＋43023

↓新宿方

9時00分発臨3　32＋48＋48＋48＋32形

9時30分発臨5　42004＋43003＋43020＋43022＋42003

何時も見た環状線に乗ってoffばかりで走っている事に馴れた私には、何時迄もonにしているのが、勿体ないような有難いような変な気持だったのです．……吉祥寺からは流石の大東京市の範囲を脱出してしまい、いよいよ広々として来ます．立川でタブレットを受け取っていよいよ単線区間へ乗込む．中野迄は複々線を思うままに走った円電は先ず複線に制限され、更にここで単線にまで制限されるのだからやりきれません．もし全線複々線だったらなあ！　と考えたくなりました．(原文のまま)

なお、off、onとはマスターコントローラーのノッチオフ、ノッチオンのこと。オフは惰行。また、円電については80ページを参照。

中央線新宿～浅川（現在の高尾）間に運転された行楽用の臨時電車は、「円電」と呼ばれた。昭和9年春には関西用のクロスシート車を使い、注目を集めた。撮影：星晃

私も昭和13年、関西に行き、初めて前幌付きクロスシートの42系を見て、前幌があるとこんなにも格好良くなるんだなあと感じ、羨ましかったことを覚えている。

その42系を、鉄道趣味の大先輩の小山憲三氏・星晃氏（後の新幹線の生みの親）が体験乗車されたわけだから、感激は如何ばかりであったろうか。その時の前幌はスカ線と同じ色合いで素晴らしかった。

その時の運賃が往復1円だったので「円電」の名で親しまれた。浅川以西の臨電は昭和20年5月以来季節運転で、浅川～与瀬（現・相模湖）間の区間運転で始まり、戦後は富士山麓電鉄（現・富士急行）乗入れなど華やかだった。

●東京競馬臨について

東京競馬場が目黒から府中に引っ越してきたのは昭和8年（１９３３）11月のこと。競馬はギャンブルと酷評されていたが、全国に競馬ファンは多く、また戦前・戦中は特に国策にドッキン

グして奨励されていたから、東鉄でも見過ごし出来なくなった。

東京競馬場前駅が開業したのは昭和９年４月。早速、東京から臨電が運転され、南武鉄道と張り合ったまではよかったが、昭和10年４月にはなんとモハ１形木製車を南武鉄道に貸し出しているから、一体どうなっているのか。

こんな状況のなかで、珍しくもスカ線用

三鷹〜武蔵野競技場前間は昭和26年に開業。野球開催時しか運転されなかったため、野球ボールをあしらった方向板を見る機会は限られていた。昭和26年５月、三鷹駅

車両を借りて臨時電車を動かしたことが、昭和16年に一度だけあった。

モハ10151+**サハ48022**+クハ65006+モハ31012+モハ30165+**サハ48026**+30176（太字はスカ線車両）

昭和16年８月22日の編成で、これがなんと新宿〜国分寺間ノンストップだった。

こうした競馬臨は昭和９〜17年まで運転されており、乗車券は新宿駅青梅口でのみ発売。券面に赤線が一条入っていて、この乗車券がなければ乗せてもらえず、当時としては急行運転の最た

るものであった。

私も、電車に乗りたいし切符は欲しいしで、学生の身ながら競馬臨に乗ったのはよいが、周りから白い眼で見られ、乗った心地がしなかったことを覚えている。

戦後の運転再開後は、時期により船橋・千葉からも東京競馬場へ向けて直通電車が出て、小さな駅は通過であった。

それにもうひとつ、昭和26年4月24日、三鷹駅から分岐した支線の終点・武蔵野競技場前が開業したが、プロ野球の招致が出来ず、翌年から営業中止となり、同34年10月31日限り廃止された。現在、その跡地はUR都市機構の団地となり、また当時の面影は、三鷹車両センターの中央線を挟んだ反対側にその分岐部の雰囲気が残っている。

この時、物珍しさもあって試乗したが、駅は島式ホーム1面で草原のなかの寂しい佇まい。今となっては電車の前札と切符のほうが貴重品となった。

●眺望絶佳になった秋葉原駅

房総に向かうには両国橋駅（昭和6年両国と改称）からで、秋葉原〜両国橋間に鉄道はなく、東京市電・バスによるほかなかった。

この秋葉原〜両国橋間に鉄道が敷かれたのは昭和7年（1932）のこと。大正12年（192

3）の関東大震災後の復興計画の一部として鉄道省は思い切った計画を立て、秋葉原～両国橋間を高架橋で結んだのである。

従って、考え方としては中央線電車化の延長ととらえ、当初の御茶ノ水～両国間の区間運転は、中央線御茶ノ水～中野間複々線に伴う緩行線の様相に変化してきた。

この区間の難工事部分は御茶ノ水駅付近と神田川橋梁にあった。御茶ノ水駅は神田川と絶壁の間にホーム2面を入れる工事、神田川の橋梁は昭和5年4月着工、横川橋梁製作所による工事で完成させたものであり、実に美しいアーチをもっている。

秋葉原駅は京浜線と立体交差するため、下のホームは地平から7・59メートル、2階ホームは1階ホームのさらに7・16メートル上に位置し、地上からは14・75メートルの高さとなった。当時としては15メートル近い建物はごくわずかであったため、中央線のホームからは眼下に市街を見渡せる壮大な景観となった。晴れた日には、御茶ノ水にあるニコライ堂とともに富士山を仰げる格好の眺望で、たちまちにして東京の新名所となった。

名所といえば、秋葉原駅には「エスカレーター」というものが付き、世間の話題となった。乗る人よりも見る人のほうが多く、乗る人は新しもの好きの若者で年寄りは歩くという始末。エスカレーターに乗らなければ、階段は79段もあった。

●戦災と新金線のSL運転

昭和20年（1945）3月10日、江東地区への爆撃機B29による夜間空襲は、大規模な焼夷弾《しょういだん》攻撃の一番手として米軍が一つの賭けを行なったものである。これは、在グアム司令官カーチス・E・ルメイ少将の発案で、まず昼間から夜間空襲に切り替え、中心部の周りに焼夷弾で火をつけ、その輪のなかを「絨毯爆撃《じゅうたん》」で徹底的に焼け野原にするという作戦であった。

日本政府は戦後、ルメイ少将に対し勲一等勲章を贈ったが、これは日本人としてどうも理解しかねる褒賞だと思う。

こうした日本本土への空襲で被害を受けた総武線の復旧において、昭和20年3月12～14日の新《しん》金線《きん》（総武線新小岩《しんこいわ》～常磐線金町間《かなまち》）のSL運転があった。当時、東京に不在だった私は、友人からの情報でこの金町～新小岩間5往復のSL運転を知った。そして、この記事を『鉄道ピクトリアル』590号に書いたところ、早速、千葉市在住の早川博氏による乗車体験談が寄せられた。

この貴重な話は次の如くであった。

①学校の授業（工場応援）での通学路にあたるので貨物線を見たくて乗った。
②なにぶん帰りは遅くなったので、機関車・客車の番号メモはやっていない。
③運転区間は金町～新小岩間ではなく「小岩」であった。

④運転日と時刻は残念ながらメモ失念。
⑤その他トッピクス——総武線電車、折返しの妙技。
このニュースのなかでいちばん驚いた⑤の内容をあげれば、

「3月10日の空襲に対する鉄道の対応では、総武線は千葉～新小岩間のみの運転で、新小岩西方に亘り線はあるが、架線が張られていない。千葉から到着の電車は乗客を降ろすと、一旦平井方（東京方　筆者注）へ引き揚げ、荒川橋梁の手前に停車し、千葉方のパンタグラフを1個のみ上げて起動、速度が上昇したところで、これを降下し、惰行で亘り線を通過、下り線へ転線という妙技を演じた」とある。

京浜東北線

京浜線の開業は大正3年（1914）12月20日。新橋を汐留、烏森を新橋と駅名を改称、現在の東京駅北口付近にあった呉服橋を廃止、東京駅が誕生した時で、東京から新しく完成した高架橋を経て高島町までが最初の運転区間であった。

●京浜線の古い話

開業当時の逸話として、その開業の2日前、大正3年（1914）12月18日に青島から凱旋し

京浜線は大正４年に電車運転を開始。車両は２扉の長距離タイプで、2･3等合造車も用意された。大正４年頃、浜松町〜田町。所蔵：三宅俊彦

た神尾将軍に初乗車してもらうこととなった。そのため、工事を早めるなどの政治的なスケジュールにこだわり、ろくな試運転をしなかったツケが回ったというべきか、初期トラブルが多く発生。結局、鉄道院総裁の謝罪文を新聞に出すなどのエピソードが残る路線であった。

しかしながら、その後は順調に発展し、「東京の顔となる線区」になったのだから大したものである。

当時の日本の社会情勢から見れば、政治の中心・東京と経済（生糸取引が大）の中心・横浜を結ぶ線だけに、顔となる線区になる素質は十分備えていた。

それに、都市計画の一環で行なわれた新橋〜神田間の６線分の高架化工事はまさに先見の明で、戦後の田町〜田端間複々線化と新幹線用地の生み出しに寄与したことは大きい。

●院電初の急行記事にびっくり

横浜在住の長谷川弘和氏が『鉄道ピクトリアル』５６２号

に発表された「国電初の急行運転は京浜線だった」の記事はまさに青天の霹靂《へきれき》であった。

内容は、横浜貿易新報と鉄道時報の２紙によるもので、大正５年（１９１６）11月から７年３月31日まで急行電車が走った。停車駅はどこか判然としないが、鶴見・川崎・蒲田・浜松町の各駅は停車せずとなっている。新聞への投稿では、京浜線に乗ったら、川崎に停車せず横浜までもって行かれた、と苦情が出ていたが、今も昔もこうした混乱は起こるようだ。

同氏がこうした古い新聞記事を探されたご努力には感謝に堪えない次第である。

●「京浜東北線」という愛称名はいつから

「京浜東北線」という線名は正式のものではない。京浜間の電車による運転の際、別線としたことが「京浜線」の愛称名を生む結果となったようで、一般の呼び方でも駅の表示類にも定着していた。いわば昨今の埼京線や嵯峨野線などと同じ発想で、愛称名のルーツと言えよう。

まずは当時の鉄道当局の資料を見ると、赤羽までの電車化では「京浜線」、大宮までは「京浜及び東北線」なる文字が使われている。

では手引きとなる時刻表ではどうだろうか。大正14年（１９２５）版は「電車」、昭和３年（１９２８）版は「京浜線」、昭和９年12月版以降は「東北・京浜線」、昭和35年５月版以降は「京浜・東北線」となっている。

戦後、田端〜田町間で同じ線路を走る京浜東北線と山手線の誤乗防止のため、車体窓上に取り付けられた線名表示。撮影：楠居利彦

一方、車両に表示したサボ類では昭和17年11月、初めて「京浜東北線」なる文字が現れた。しかし、ホームなどの掲示は依然、京浜線のままであった。その後、昭和19年1月にステッカーとなり、昭和20年12月、進駐軍の要請で大きなものを窓に掲出、国鉄になった昭和24年10月には「京浜・東北」を表示。これを契機にホームなどの掲示、そして駅の放送等も同様になった。

●戦前の運転系統

京浜線の運転系統は凸型タイプで、左の出っ張りが上野・東京で、右の出っ張りが蒲田ということになろう。最長は赤羽〜桜木町で、大宮〜蒲田が主であるが、前後の行先札（行先板）は他線のように画一的でなく、大宮・浦和・赤羽・下十条・品川・蒲田・鶴見・東神奈川が△マークに駅名表記、上野・秋葉原・桜木町が白色□のなかに駅名、東京のみ菱形となっており、今の若い方々に言わせれば、東京や上野での折返しがあったって？　といったところか。また、行先表示が字幕、ＬＥＤ表示が中心の今の時代、電車の前面にこのような行先札があったことも記憶の外の話かもしれない。

この頃の思い出話というと、こんなものがあった。

ラッシュ時間帯の終わりに桜木町から下十条へ戻るために乗車したところ、東神奈川で後部の車両を切離すため「前の車両へお移りください」と車両の乗換えを指示された。さらに蒲田でまたまた後部の車両を切離すため乗換えと、１回の乗車で2度も乗り換えた。今と違って通り抜け用の車間幌もないから一旦ホームに降りなければならず、せっかく温まった座席ともお別れ、サボを見ないで飛び乗った罰はテキメンであった。この頃の京浜線のラッシュ時間帯の前後にはこのような2段増解結が結構あった。

●新車の配置はまず京浜線

昭和初期に国電の半鋼製車が出来た。これがダブルルーフの30系（モハ・クハ・サロ・サハ）で、この車両の配置にあたっては希望する車両区が多かったようだ。まさに注目に値する出来事と言われている。

その後、31系丸屋根車、40系20メートル車と揃い始めた昭和12年（１９３７）１月の省電の半

車体は鋼製になったが、ダブルルーフに木製車のイメージが残るモハ30形。この形態で昭和30年頃まで生き残った。撮影：宮澤孝一

鋼製比率は、京浜（蒲田・下十条区）82パーセント、中央（三鷹・中野区）43パーセント、山手（品川・池袋区）38パーセントとなっており、第1位京浜、第2位山手、第3位中央の順に新車を配置した。戦後の安定期に入ってからは、混雑度を物差しに、第1位中央、第2位山手、第3位京浜東北といった順序に変わり、隔世の感がある。

●京浜車には2等車があった

東京の近郊区間5線区（京浜・中央・総武・山手・常磐線）で2等車を連結していたのは京浜線だけ。横須賀線は長距離線区であったために別格扱い、軍部の要請もあって電車化当初から連結されていた。

「2等車」といえば、青色モケットに白布（3等車は緑色モケット）がシンボル。ロングシート部分の奥行も610ミリで、ふかふかしていて座り心地は良かっ

戦前の京浜線のサロを組込んだ編成。写真の左から3両目がサロ。昭和9年、蒲田電車区。撮影：小山憲三

たはずである。使われていた形式は木製のサロ18、大型の窓で貫禄十分といったところ。ダブルルーフのサロ35の天井には優雅な模様があり、サロハ56形の2等と3等の仕切りには花模様の扇風機座があり、注目に値したが、なぜか夏でも扇風機を取り付けたものを見たことはなかった。

当時は2等車に専務車掌が乗っていない大らかな時代で、常時専務車掌が乗るようになったのは進駐軍用白帯車が連結されるようになってからである。

中学に入って早々、下十条から上野へ、2等車の座り心地を試そうと大枚26銭（3等の2倍）を払って乗ってみた。ラッシュ時ながら車内はわずかに4～5人。乗っている人を見ると、口ひげを生やした重役風のお父さんが多く、新聞を広げていてあまり顔を見せない。よほど偉い人と感じたが、「学生風情で何だ」という顔付きで睨みつけられた途端、居心地が悪くなり、結局途中の田端で降りてしまった。

この頃の2等車といえば、ぜいたくな乗り物として見られ、老人・子供連れでも乗ることはなかったが、戦後は結構利用するようになった。

もちろん、昨今のグリーン車は若者の利用も目立ち、新幹線などはグリーン車から先に売り切れるというのだから、世の中全く変わったものである。

●戸扉に通風試作車現る

昭和13年（1938）頃、モハ40形半流タイプのなかで1両変わったドアに改造した車両（40068）が現れた。

この車両のドア（6枚）の腰板部分に鎧形ベンチレーター（通風口）が付いていて、外から見ると鎧形のルーバーで内側は打抜きの金網であり、ご丁寧にその間に板が1枚入っていて、上下することにより開け閉め出来るという凝ったものだった。さらに、そのうちの2枚のドアは2段窓の上段が下に下がって開くようになっていた。おかげで風通しはよい。

その後、昭和19年7月、両運転台から片運転に改造、41形に改造した後は、このドアはなくなり、従来型に戻っていた。

当時は、クーラー等は考えも及ばなかった時代で、2等車には扇風機が備えられていたらしいが、3等車にはこの扇風機のある車両は1両もなかった。車内の暑さ対策は現在とは大きく異なるが、乗客のほうは白い上衣に白いズボン、白い靴で出勤し、他人に涼しく見せて乗る優雅さがあった。私などは、父の白靴に白の靴ずみを塗るのが朝の日課であった。そんな時代に生まれた通風試作車だった。

●オリンピック塗色現る

昭和15年（1940）、東京でのオリンピック開催が決定し、外国人客への車両のPRのため、新しい塗色の車両が考えられた。

A案は赤茶色で、昭和12年9月中旬、東鉄に3編成、大鉄の城東線に2編成が出来、東鉄分には車内中央の天井にスピーカーが付いていた。このスピーカー、もちろん試験的なもので、時々車掌が放送していたが、雑音が多くて聞きづらく、乗客からは「車掌のザワ言」と嫌われ、最後には止めてしまった。

B案は下部がエビ茶で阪急電車の色をもう少し赤くした色、上半部はクリーム色で、昭和12年10月から15年の定期検査まで使用されていた。

A・B案合わせて東鉄50両に予備3両、大鉄4両であった。

東京にこの色が出たのは驚きで、戦後の80系湘南色が出た時と同様で、各線の乗客は目を見張

昭和15年に予定されていた東京オリンピックに備え、イメージチェンジを図った2色塗りが試験的に行なわれた。昭和13年7月、大宮駅。撮影：久原秀雄

って飛び乗り、関心のない方でも学校や会社で話題にしたものである。

当時の全国の鉄道の大多数はチョコレート色で、省線では木製車が黒に近い濃茶であり、私鉄では茶色のほかに濃緑があったくらいである。ちょうどこの頃、西武鉄道がまさにB案塗色で目新しく感じられたから、省電での採用は運行エリアが広いだけに目立つ存在であった。

その後、軍部の台頭でオリンピックは中止となり、逐次A・B案が姿を消したのは甚だ残念であった。参考までに京浜線の車両では、A案が蒲田電車区の31103＋39023＋37003＋39024＋31104の編成、B案は蒲田電車区の31101＋39021＋37011＋39022＋31102の編成と、東神奈川電車区の30069＋36024＋56

００４＋３６０２５＋３００７０の編成との資料が残っている。

●四口（4扉）戦時型省電お目見え

これは木製車をベースに20メートルの台枠に延長改造した組で、昭和19年（１９４４）５月31日に品川電車区へ配置され、6月5日から使用を開始したものである。

同年6月2日、日刊新聞に「四口戦時型省電今日から運転」の記事が出た。その骨子を挙げると次のとおり。

①通勤輸送を確保するため、四口電車が2日から山手線に登場する（実際は5日が正当）。
②床面積を約3パーセント増大し、腰掛けも半減したので、従来の定員１３６名が１５９名収容できることになった。
③換気を改良するため、窓を3分割して中央を固定。上下とも上げると開くようにした。
④各部の構造は著しく簡素化されているのが特徴で、今後、次々に製作。京浜・中央線にも配車される。

と報道されている。「四口戦時型省電」とは、これまでの通勤電車が3扉に対し、4扉と増えたことで、これが現在の通勤電車の基本型となっている。

この系列は、各メーカー・工場の試行錯誤の歴史みたいなもので、これを詳述すると、まさに

戦時設計の第1陣となったクハ79025。天井の内張り、座席の背もたれクッションは省略されている。座席は16人分、ドアエンジンは窓上に置かれた。写真は座席増設後の姿。昭和29年4月、津田沼電車区

一冊の本になるが、まとめるとこんな具合だ。

〈当面調達〉

①床下機器（電らん関係）
②運転機器の捻出
③戦災台車の利用
④灯具・窓ガラスの確保
⑤腰掛け・吊手・網棚代用品研究使用

〈試作研究〉

①特殊材質（ジュラルミン・アルミ利用）
②新型台車（ＯＫ１・ＭＤ３等）
③新型パンタグラフ
④制御器類（ＣＳ１００系列）

このニュースはたちまち学生仲間はもとより、多くの乗客の評判となった。私もこの編成を見

るまでは、どんな電車か判らなかったが、車体はまさに突飛とまで言われた食パン形の切妻で、窓は3段、屋根には煙突が載っているといった、今流で言えば「想定外の車両」――であった。

さらに、乗ってみて2度びっくり。天井は肋骨（垂木）がむき出しで、鶏小屋にでも入ったような気分、乗った人の大方は次の駅で乗り換えたというエピソードがある。

この時の8両は大井・大宮工機部で手掛けたものであるが、多分に試作的要素を含んでいて、細かいところでは1両1両に違いが出ている。

特にひどかったのはクハ79025で、これがスカ線に配置されたのには呆れた。大井工機部のT技師にお聞きしたら、改造車両は元の区所に戻すのが原則で、この車両はモユニ2という大正期の事業用小型車の車体更新で、田町区の配属だからやむを得ない、との答えであった。

そのひどい姿とは、座席は長さ1750ミリが4カ所のみ、吊革は1列（他の2両に試作品2列があった）ながら、この車両のみ吊革の掴む部分が二重という変わった仕様、天井には中央の細い白色板がなく、裸電球は肋骨に直接取付けという物凄く殺風景な車内で、ドアエンジンは網棚の上という変わったタイプで仕上がっていた。

車体外側の改造プレートを見たら、プレートではなく責任票という丸い標識で、これは改造79形8両と昭和19年度新製の63形3両のみであった。

この車両がスカ線に出たのは、昭和20年1月のこと。座るところがほとんどなく、唖然としてしまった。詰め込むことを主眼とした造りには呆れてしまったが、乗せてもらう立場ではあまり文句を言えず、誰しもあきらめ顔。ことごとにうるさい湘南族もお手上げだったようだ。

●63形の調査の話

当たり前だろうが、車両の混雑は戦前より戦後のほうが物凄く、電車は部品不足で不可動車が続出。この穴を埋めたのが、大量製作された戦時設計規格の63形。考えようによれば、ドア数が4つとなったことで、戦後の大量輸送に大きく貢献した車両と言えるだろう。

その最初の車は昭和21年（1946）6月17日、蒲田電車区に配置となった。その因縁ではないが、続いて本項は京浜線グループで解説することとしよう。

東京にモハ63形の量産車が出たあと、その波は大阪にも及び、昭和22年度以降は製作の約半数は電装（電気機器）なしという有様。昭和25年度までに、なんと国電きっての大所帯688両（私鉄向けを含めると804両）に達し、番号も902を超えそうな勢い。1000番を超えたらどうするかが話題にのぼったのも、この頃のことである。

この63形の特徴は、外形（前・横・連結面）だけで14カ所、車内（座席・天井等）で12カ所に及んだ。現在と違い、鉄道趣味への一般の人の理解は薄く、駅のホームで車両を調べていると、車内の乗客から「なんだお前は！　ジロジロ見るな！」と怒鳴られてしまう。

どの線に行っても見られる63形だが、状況が状況なだけに、調査は困難を極めた。私の仲間も新車が出るたびに協力してくれたものの、次第に根気が続かなくなり、最後まで続けたのは私を含めて2人だけとなってしまった。結局、調査の完成度は80パーセントであった。残りの20パーセントを調べきれなかったのが心残りである。

●欠点を露呈した63形

昭和26年（1951）4月24日、桜木町駅での架線事故は日刊紙でも第1面に扱われ、25日付朝日新聞（最終5版）では次のように報じられている。

○国電・桜木町駅の大惨事、死亡97名、重軽傷31名、電車駅直前で火を噴く。
○同日夕刊、死者104名、死体、車内に折り重なる。
○痛ましき白日夢、通り抜け式に改善必要。
○国鉄の対策、ドアの開け方も明示（パンタグラフ降下により、自動扉が動作しなくなった）。
○加賀山総裁談、手抜かり痛感、差し当たって辞職はしない。
○怠った信号の切替え、工手長・信号手も逮捕。

この時の惨状の写真は、横浜～桜木町間高架上で撮影されているが、このシーンを鉄道友の会

桜木町事故で焼失したモハ63。これを契機に屋根の絶縁強化、貫通幌の取り付けなど大がかりな車体改修が行なわれた。撮影：長谷川弘和

の長谷川氏も撮られているのには恐れ入った。

この事故は63形の戦時規格車の悪い面をさらけ出したため、63形は粗悪品の代名詞となり、この教訓として次の改良がなされた。

A・集電装置の二重絶縁と集電舟（摺板）の取換え
B・補助回路の改良
C・電流遮断器の増設
D・車内耐火塗料の塗布
E・貫通路（内開き構造から引戸式へ変更）と貫通幌の取付け
F・戸閉《とじめ》装置の取扱い方法の説明書貼付（ドアコックを各扉に設置。またその位置を表示）

これらを主点に昭和26年11月までに緊急工事を完了している。そして、これを契機に、いわゆる中間電動車案が63形にも採用された。

昭和28年度製のクハ79形のラスト2両は、前面窓に5度傾斜が付けられた。昭和37年3月、津田沼電車区

①本格的な天井鋼板取付けによる絶縁工事（木製屋根であったため、約10分にて全焼したことをふまえて）
②貫通路の拡張工事と貫通扉の新設
③主回路・補助回路の改良
④3段窓（最下段上下29センチ）を全部可動式に改造

という四大工事を行ない、これによって新たに中間車モハ72が台頭してきた。なお、パンタグラフはPS13B（ボールベアリング使用）、運転台仕切りはガラス入りと車内を明るくした。

このグループは、昭和27年度から新製車両が登場、中間車はモハ72形500番代、先頭車はクハ79形300番代となって製造されることとなり、車体形状にも変化が見られる改善工事は各種行なわれた。ここで鉄道ファンの一言が役に立ったお話を一つ。

昭和28年9月、日本車輌製造支店製作のクハ79形設計の際、切妻前窓を5度傾斜させた車両が2両出た。この試作について「前窓をいくらか傾斜させれば感じが違うだろうと、設計担当者が軽い気持ちで線を引いたら5度傾斜。これはいけるということで、もう少し傾斜させて量産車は10度傾斜と相成った」――ということになっているが、本当は鉄道友の会のある大先輩のアドバイスであった。因みに最初の2両は、クハ79350、クハ79352、10度傾斜となったグループは昭和29年度から登場、さらに昭和31年度製からは前照灯が埋込み式と変わり、このスタイルは101系に引き継がれている。

物事は何でもひょんなところから良いアイディアが生まれるものだが、これもアイディア作品の一つと言えよう。

●ジュラルミン電車の登場

戦後、飛行機を造らなくなった我が国には、飛行機用のジュラルミン（ジュラ）板が大量に余っていたそうである。資材のない時にこれを利用しようとして色々なものに使った。電車の網棚のほとんどは飛行機の骨に使うものであろう、打ち抜いたジュラ板を使っていた（新車は木製だったが）。

しかし戦前の良き時代、モハ40の時代のジュラルミンドアは復活せず、63のドアは木製から独特の格好をした鉄板の、いわゆるプレスドアへと変わった。二つのくぼみのあるドアである。しかし一部の63に、のっぺらぼうのジュラルミンドアも現れた。３段窓の下は何のくぼみもないまっ平らな状態で、案外スマートに見えたものだった。そして、パンタグラフは安っぽいＰＳ13、これは鉄製である。

当時は、ジュラルミンというものはすごく高級な材料だと思われていた。それが余っていたのだから、鉄道車両をジュラルミンで造るという発想は当然だったかもしれない。とにかく、車体全体をジュラルミンで造ろうということになったのである。

昭和21年（１９４６）度、川崎車輌でジュラルミン電車６両が製作され、同年９月６日付日刊新聞に「白銀電車完成」のニュースが出た。

この記事はどういうわけか、当時の新聞には珍しい左書きの囲み記事で、内容は「車体のほとんどがジュラルミンで造られた、見るからに清楚な白銀の豪華な電車が神戸川崎車輌で生産され、試運転は６日に行なわれ、その結果で大量生産に乗り出す予定」——と写真入りで掲載された。

写真は白黒で、番号はモハ６３４００と書かれてあった。見た方の話では、中央窓下と裾には赤色の帯が回してあったそうだ。

そしてまもなく、ジュラルミン製の63が登場したのである。噂の通り銀色のジュラルミンの地色そのままであった。そして、ウインドシール（窓下）だけグリーンに塗られた銀色の電車は、

モハ63、サハ78の各３両は車体をジュラルミン製とした。無塗装で窓下に緑帯が入った姿は現在のステンレスカーを思わせるが、腐食が激しく、後に全金属製車体に改造された。所蔵：長谷川弘和

その頃としては目を見張る新鮮なものであった。ピカピカの銀色だから、すれ違えばすぐわかる。

昭和22年1月、蒲田区に配置された。

この新聞で紹介されたものと、実物との塗色の違いは鉄道省側の要望と思われる。

カラーフィルムが普及していなかった時代であるため、緑帯時代のカラー写真は現存しないと思われていたが、当時15歳の中野旭氏が、知人からもらったというカラーフィルムで撮影していたのであった。

同氏のご厚意で拙著『旧型国電50年Ｉ』（ＪＴＢ）の表紙に発表させていただいたが、恐らく本邦唯一となろう。

●銀色一色の車内に唖然

ある朝、ジュラ電を見に新橋へ行った。果たして、下り線に銀色の車体を輝かせながらジュラ電が入って

来た。その頃のラッシュ時は殺人的混雑だったが、早朝の下り電車はいつもガラガラである。早速、乗って座ってみる。普通の63と違って座席の背中もちゃんとクッションが貼ってある。やや腰高のその座り心地は、往年のサハ57の座席と比べるべくもないが、それでもその頃の新車の63に比べれば何と座り心地の良いことか。

それにしても、ギラギラと銀色一色の室内は珍しさに目を見張るものだった。全部ジュラ板張りの室内、しかしよく見ると窓枠は木製で銀色に塗ってある。そして室内灯として初めて使った蛍光灯。田町の手前のトンネルで点灯したその光は、当時の蛍光灯の常として青白く、それが銀色の室内に反射してなんとも異様な感じだった。しかし、初めて珍しい新車に乗って興奮していた身にも、なにか寒々した冷たさを感じたものだった。

田町の手前のトンネルとは、戦争中に計画された、スカ線が浜松町、有楽町の各駅に停車できるように、京浜・山手の各線へ乗り入れるために造られたもの。この計画はボツになり、トンネルはその後取り壊された。同じ計画のために造られた高架線が、いまだに田町電車区に残っている。

●腐食が原因で短命に終わった

それにしても箱入り娘であった。特別の運行で、ラッシュの猛烈な混雑には使わないようにし

ジュラ電は車体の腐食が激しく、昭和28年度に全金属車体に改造された。クハ79は前照灯が半埋込みの独特なデザインとなっている。昭和33年、撮影：宮澤孝一

ていたようであった。よほど強度に自信がなかったのだろう。実際、まもなく車体の真ん中が下がってきたとみえ、外板の腰板部分が斜めに引っ張られて、前後対称に奇麗に斜めのしわが寄ってきた。

車体はクリアラッカーが塗ってあったそうであるが、それでも腐食が出てきた。そして2年後には普通の茶色の塗装になって、外から見てリベット以外は普通の63と同じ姿になったが、やはり特別扱いの運行をしていた。茶色になったら外板の波打ったしわが余計目立つ。やがてどうにもならず、改造されて全金属製の試作車として生まれ変わったのである。

かくてジュラ電は一巻の終わり、短命にして姿を消したのである。ついでに言えば、この改造計画で1両はクロハになるはずだったのが2等廃止が決まり、お流れとなった。これがクハ79902であり、前面の

妻の角が戦前型のようにRが付き、ヘッドライトが半埋込み型の独特のものになり、私の好きなデザインだった。クロハにならなかったのはまことに残念であった。

この改造にて、モハ63900はモハ72900、モハ63901はモハ73901、モハ63902はモハ72901、サハ78200はサハ78900、サハ78201はクハ79900、サハ78202はクハ79902と改番となっている。

また、全金属製となった72系の新製車は昭和31年度に登場、車号はモハ72、クハ79とも920番代と区分、この車体構造は101系に引き継がれている。

常磐線

東京付近では明治末から電車化を推進した。中央（総武）・山手・京浜・横須賀（東海道）と続き、最終は常磐線で昭和11年（1936）12月11日のことである。

この日を寿ぎ、上野・日暮里・松戸では歓迎アーチを、鉄道省では記念絵葉書を出した。これで東京5方面の電化作戦は終了を告げた。

電化したばかりの上野～松戸間といえば、とにかくのどかであった。北千住を過ぎると畑が広がり、昭和18年4月に開駅した綾瀬駅からは土手を走る東武鉄道の車両と小菅《こすげ》刑務所の赤煉瓦が

電化が遅れた常磐線は20メートル車で統一され、戦前は最も編成が整っていた。写真の2両はオリンピック塗色試験編成。昭和15年7月、松戸電車区

望まれ、板張りのホーム下の小川では子供たちがハヤを追いまわし、エビガニを捕っている、そんな風景であった。

●不思議な電車化と格下げ2等車

こんな線をなぜ電化したのかは横浜線の時と好一対で、私たちは「わけが判らない電化」と捉えたものだ。ただし車両は非常に良かった。当時、出来立てホヤホヤの40系モハ41+クハ55の2両編成で、ほかに合造車クハニ67形という新形式もあり、ラッシュ時には電動車1両を増結。他線と異なり、側面方向幕を生かして使ったのは常磐線が初めてだった。

昭和13年（1938）、国策で2等車廃止があり、サロ35・37形、サロハ56形と、大阪付近のクロハ59・69形が失職した。このうち35形は、昭和14年12月以降、常磐線にやって来て増結用2両に使われ、中央線にはサロ37形

などが入った。喜んだのは両線の乗客で、白布こそなくなったが、2等車のシンボルである青モケットのクロスシートは席の奪い合いであった。

ところで、昭和20年6月、スカ線は電気機関車牽引電車になり、可動できたモハ32形クロスシート車を常磐線へ24両（M17両・T7両）も疎開させた。しかし、この時の32系は残念ながらラッシュ用改造済みで、クロスシート部分はほんのわずかであったため、あまり恩恵はなかった。

●ほうき（法規ではない）に触れたヤツは降りろ

常磐線の戦後の混雑は「カラス部隊」と呼ばれる亜炭（低品質石炭）、木炭の運び屋が幅を利かせていたためで、彼らのおかげで車内は大混雑。列車は「カラス列車」の異名まで付けられた。

また常磐線はトンネルが少ないので、列車の車外乗車はもちろん、屋根にまで人を乗せて走る。当時、松戸駅へ入る手前では、線路際に「竹ぼうき」が林立して歓迎。おかしな風景だなぁと思ったら、なんと車外乗車チェック用で、これに触れた乗客は駅員に強制的に引きずり降ろされた。言うなれば、電化区間の電化柱への接触などの危険防止策で、物のない時代の妙案と言えよう。

●荷物室にお客を

主要線区で通勤線区の常磐線には手荷物用の合造車があり、スカ線を引退したモハユニ30形（仮改造）もやって来たが、主力はクハニ67形であった。

戦後は、赤羽線同様にラッシュ時に限り、この「荷物」室にお客を乗せるサービスを行なっていた。もちろん、待っていてやっと乗ったら荷物室、では不評もあったであろうが、有り難いと思った乗客も多いはず。しかし、所詮は荷物室のため、ドアの開閉は手動式であり、現在では考えられない緊急的な策であった。

●上り線を走る下り電車

昭和23年（1948）9月16日のアイオン台風は物凄かった。十条から引っ越した新宿の我が家も、雨戸がしなって、大の男5人がかりで座布団を盾に一夜を明かした覚えがある。

その被害たるや大規模なもので、関東・東北の鉄道は軒並みに寸断され、国鉄線が41線区、私鉄は東武鉄道ほか6鉄道。特にひどかったのは上越線で、復旧には12月まで要した。

常磐線では、荒川の増水により北千住で運転は寸断され、9月22日から浦安～松戸間を京成バス、29日から市川～松戸間を国鉄バスで連絡した。上野～北千住間3編成、北千住～亀有間1編成にて運転。9月21日に至り、ようやく亀有～松戸間単線、27日複線で運転再開した。

この間チンチンと鳴る無人踏切で、上り線を走る下り電車の姿に唖然とした通行人。電車のほうも時速20キロくらいでノロノロと手探りの運転ではあったが、よくぞ怪我人が出なかったものと言えるだろう。

買収線区の特質

買収線区とは、私鉄によって開業し、後に国が買収して国鉄（当時は鉄道省）に編入された線区のことで、広義には東北本線や山陽本線も買収線区ということになる。

このなかで、電化されて電車が走っていた、または買収後に電化されたのは16線区15社に及び、その大部分は第二次世界大戦中に国策上から強制的に買収されている。

買収された時点で在籍していた電車のほとんどは国鉄に引き継がれたが、形態、性能は千差万別、なかには路面電車と大して変わらないレベルのものもあった。

これらは「買収国電」あるいは「社型《しゃがた》」と呼ばれ、国電のなかでは異端児扱いとなるものの、趣味的には本来の国電とは違った面白さもある。

国鉄型とほぼ同等の性能を備えた宮城電気鉄道、富士身延鉄道、三信《さんしん》鉄道、豊川鉄道などの車両は、買収後も比較的長く使用され、廃車後も地方私鉄に譲渡された例が多い。

国鉄型より強力なモーターを備え、天王寺～和歌山間を無停車、45分で走った阪和電気鉄道（昭和15年、南海鉄道に吸収合併）の車両は別格扱いで、昭和36年（1961）の形式称号変更時には国電に準じた形式に改められた。2扉車は3扉に改造されるなど、形態はかなり変化したが、昭和40年代初めまで阪和線の主力車両として活躍を続けた。

●車両は独特タイプ揃い

買収線区の車両は私鉄独特のタイプで、それが鉄道ファンの研究心をくすぐる。

これらの一代記をまとめると1冊の本になるが、その活躍の姿を見ることはできないだろう。昭和13年（1938）以降の戦前はもとより、戦後でもフィルム入手難だったから撮影は難しかったのだ。活躍シーンが見られるのは昭和25年頃からということになろう。

●小さなタイプまとめ

買収線区の小さな車両では、可部《かべ》線（旧・広浜《こうひん》線）のポール使用の90・91形、富山港線（旧・富岩《ふがん》線）のボやセミボ（「ボ」はボギー車）が挙げられる。後者は窓上に優雅な飾りがある。また、宇部線（旧・宇部線）のデハ1・2では買収か不買収か論議が分かれるが、一応不買収として買収線区一覧から外している。鶴見線（旧・鶴見臨港線）ではモハ31・32があるが、これは3日間使用した実績が残されているので私なりに買収に入れている。

●番号鉢合わせで混乱

買収私鉄で買収と同時に省番号に移行したのは広浜線・大糸線・身延線の3線区だけ。戦時中、買収線はすべて社線時代の番号のまま使われている。

富山地方鉄道のボ１形。昭和15年、撮影：裏辻三郎

このため、社線番号のなかに同番号があっても、線区が異なる場合は問題なかったが、戦後社型を他線に出した時、同番号が移動先で鉢合わせしたことがある。旧・青梅線と旧・南武線の例がいちばん多く、矢向電車区（当時、南武線車両受持ち）で４例、広島県の府中電車区（当時、福塩線車両受持ち）でも１例（５０３番）出ている。転入出で誤発送を生じたものであろうが、受け取る区側は大変苦労したという話がある。

●買収線区の珍しい車種

非常に珍しい車種では、買収車ではないが、買収線で使われたという次の２例がある。

一つは、飯田線豊橋機関区に昭和25年（１９５０）10月配置されたサハ４３０１という車種。これは流線型ガソリンカー４３０００の中間車（キサハ４３５００）で、使用例では同年12月、モハ６２０１１＋サハ４３０１＋モハ６２０１２があるが、使い難いということであまり営業線に顔を出さなかった。昭和28年の一斉改番でサハ６４００に変更、同31年３月に、再び気動車キサハ４３８００に戻り、同32

年4月にキサハ04301、そして同41年に廃車になった。

以上は気動車→電車の例であるが、2例目は阪和線ELで使用されていたモカ2000形2両。昭和22年9月に機関車から電車に変更、同28年一斉改番でモニ3200形となり、1両は豊川分工場、もう1両は幡生工場の入替え用として使われ、同33・34年に廃車となっている。

●買収線区の出来事

ここでは、昭和10年(1935)以来の買収線のなかで、特徴ある出来事をまとめてみた。

○広浜鉄道(昭和11年9月1日買収→可部線)
広浜鉄道が軽便鉄道を昭和5年1月改軌の上電化したもので、600ボルト・ポール集電の小型車で運転していた。このため木製のモハ1形2両、クハ6形2両が昭和15年6月応援に入り、ポールによる集電の珍しい姿が見られた。

私も昭和20年1月、九州へ行った折、この姿を撮影しに古市橋付近の畑のなかへ入ったところ、多勢の人たちが畑仕事をしていて、万一見とがめられたときのことを考えて撮影をやめてしまったことがある。本当に残念であった。

○信濃鉄道(昭和12年6月1日買収→大糸線)
毎年夏の中央線では、早朝松本に着く臨時急行か快速が出る。松本で降りた大概の若者は、大きなリュックを背負い、鍋・釜の類をぶら下げて、颯爽と大糸線に向かう。そんな姿を見ていると感動すら覚える。大糸線は、戦前からアルピニスト、スキーヤーが目指す北アルプスの山々を、まず松本駅の2階から仰ぐことになる。電車が進むに従いアルプスの山々を車窓から眺められる、日本随一の山岳鉄道である。

買収当時の車両は木製の10両。昭和14年以降のモハ10（両運転台改造）とクハ15形の3両が応援に入ったが、本来の社型木製車は戦後も手入れがよく行き届き、電灯・吊革等は昔の姿が保たれていた。その理由は私鉄時代の職員が大勢残ったことで、昭和30年頃までピカピカの車体であり、在信州5私鉄はこぞって譲り受け、使用したものである。

○富士身延鉄道（昭和13年11月1日省委託・昭和16年5月1日買収→身延線）

大正2年（1913）、SLで営業開始、昭和2年に電化したが、建設費が1マイル（1・609キロ）当たり省線1円のところ3円50銭を要するとのことで、買収を希望。当初は委託経営で昭和14年2月、モハ1形の2両が応援に入り、買収後の昭和19年4月、身延線向けの新形式モハ62、クハ77形の各3両ずつを入れて強化されたが、この改造車は戦時設計タイプであまりすっきりしなかった。

戦後の混乱期には車両不足で、サハ26形という付随車を電動車が牽引する方式をとったが、10

両のうちブレーキのあるのは3両だけ、よく鉄道省が認めたものと思う。

○宇部鉄道（昭和18年5月1日買収→宇部東・西線）

宇部港・小野田港地区再整備に伴う鉄道の改廃と新規延長等で複雑な変貌なので省略させていただく。

【注】小野田鉄道（昭和18年4月1日買収）と宇部線との連絡完成は昭和25年3月、宇部線の改廃整備は27年4月である。

○富山地鉄富岩線（昭和18年6月1日買収→富山港線）

日本海側の富山港への鉄道確保のため買収したものであり、セミボという前面5つ窓の小型の珍車がおり、側面窓上には優雅な装飾があった。これらは昭和28年に静岡鉄道と岳南鉄道に譲渡されたので、訪れた方も多かろう。平成18年交直流電車475系を廃止した富山港線を主体としたライトレール化が行なわれ、第三セクターとして今や全国的に路面電車の見直しのモデル鉄道に変身しつつあり、今後の取組みの推移を見守りたい。

○鶴見臨港鉄道（昭和18年7月1日買収→鶴見線）

鶴見線には、買収が決まってからの昭和18年3月、早朝から弁当持ちで行った。鶴見駅では省線と臨港線との間には当然ながら改札があったが、何と改札外には多くの人々が並んでいて、何

17.5メートルの車体に４扉という、通勤輸送に徹した鶴見臨港鉄道のモハ220形。未電装で実際はクハだった。昭和20年９月、弁天橋区

本待てば乗れるか判らない有様。これには全く驚いたが、それにも増して一路線めぐりで降りた海芝浦駅は東芝京浜事務所の敷地内で会社の人が立っており「あなたは？」ときた。改札は切符を買うために出ただけでまたホームに戻った。

当時の車庫は浅野駅そばにあり、弁天橋は開設準備中。この車庫で初めて17メートル車４扉のクハ２２０形を見せていただいたが、車内の吊革はバネ吊りで、係員の方は鼻高々であった。ただし、このバネ吊り、買収後３カ月くらいで半分は壊れて使い物にならなくなってしまった。

買収後この改札口はなくなったが、昼間の客は１編成２～３人ほどで閑古鳥が鳴いている。ラッシュと日中との物凄い差には本当にびっくりした。

○豊川鉄道・鳳来寺鉄道・三信鉄道・伊那電気鉄道（昭和18年8月1日買収→飯田線）

張上げ屋根、クロスシートの豊川鉄道クハ100形。買収車のなかではピカーの存在だった。昭和27年３月、豊橋電車区。撮影：神谷静治

この４社は昭和12年８月、三信鉄道の全通により相互乗入れ形態が始まった。当時の営業１９２・３キロは、戦後の東京～沼津間、湘南電車発足当時をも凌ぐ長距離運転。全線の所要時間は約７時間（現在は６時間30分）で、仮に立ち通しだったらへたばってしまう距離であった。

この三信鉄道の全通は、まさに伊那谷《いなだに》の人々にとっては悲願達成であり、技術的に見ても鉄道建設技術の勝利とまで言われ、トンネルと鉄橋の数の大部分が三信区間にある。言いかえれば「地上の地下鉄」と評されるほどで、大概の駅は山にへばり付く。付近に家らしきものはなく、ホームを出るとすぐ30度くらいの傾斜の山道にかかり、遥か丘の上に伊那谷特有の段々畑に農家がちらほらで、これらの人々の重要な足となった。

飯田線の特徴といえば、①電圧が伊那区間１２００ボルト、天竜峡以南１５００ボルトで運転室内切替えは旧

三信の車両のみ、他は車外切替えであった。②車両のうち、電動車は飯田または天竜峡で交代。全線通し運転は旧伊那の木製付随車が使われ、付随車のお客は乗ったまま、運悪く電動車に乗ったお客は切替えで乗換えなければならず、よほど研究して乗らないと大分損をする。この損得はトイレの使用にも言え、電動車のお客はご用の節は乗っている車両を出て、隣の付随車に行く羽目となった。③4社の電動車等の大部分は市街電車同様のポール式。こんななかで豊川鉄道のクハ100形のみクロスシートで、外観もノーリベットでスマートであった。

○青梅電気鉄道・奥多摩電気鉄道（昭和19年4月1日買収→青梅線）

青梅電鉄の開業は古く明治27年（1894）。当時は軽便で、大正12年（1923）改軌のうえ電化した。買収は石灰石を運ぶのが目的で、旅客輸送では全くの閑散線区であったが、戦時中は体力増進のための国策とドッキングして御岳《みたけ》・大獄山《おおたけやま》縦走を試みるハイカーが多くなった。

昭和14年から氷川（現・奥多摩）へ向けて突貫工事が行なわれ、買収時は未成線であったが昭和19年7月に（未成線）工事が完成して延長となった。

沿線には鳩ノ巣渓谷があるため、たちまち観光路線に変貌し、鉄道にとっては宮城県仙石線とともに成長路線となった。青梅線・仙石線とも似たようなことがもうひとつあり、戦後は米軍キャンプが沿線に出来、白帯車が運転された。全国白帯運行線区のなかで、電動車を使ったのは東京では青梅線だけ。他に関西で僅かあったが、いずれも米軍からは評判が悪かった。

○南武鉄道（昭和19年4月1日買収→南武線）

最初から電気運転で、青梅電鉄発着貨物と砂利採取・販売を目的として設立。旅客輸送はあまり熱を入れていなかったようであるが、この沿線に昭和8年11月、目黒から競馬場が引っ越して来た。まさに救世主で、戦時中は国策として奨励されたので人の動きは活発化した。

その動きに鉄道も反応し、翌昭和9年、東京競馬場前駅を造って南武鉄道に対抗した。最近は平成23年（2011）から快速運転を復活させたが、果たして長続きするかどうか。

○宮城電気鉄道（昭和19年5月1日買収→仙石線）

昭和3年、仙台～石巻間電化開業後、同7年頃に松島観光のため展望車と称するものを造っている。

戦後の昭和21年8月、河北新報で宮城発注のモハ810形が入線の際、モハ63形が入線するという誤った記事にはびっくりしたことがある。

昨今は第一級の観光路線として取り組み、20メートル車から103系、そして205系と変わり、2WAYシート車も生まれている。平成23年3月の東日本大震災では甚大な被害を受けたが、早急の復旧が待たれる。

○南海鉄道山手線（昭和19年5月1日買収→阪和線）

買収社型のうち、省型タイプに改造され省形番号を付けたのは南海（阪和）形車両だけである。２００馬力の強力電動機に大きなパンタグラフと東洋電機製デッドマン装置付きコントローラーを備え、１形式を除き全鋼製という省線電車にない堅牢さと速さを誇った車両だった。

実は昭和19年、関西を訪れた際、全鋼製かどうかを知りたくて鳳《おおとり》電車区を訪れた。ともかく、シートのモケット部を除き、見た目には建付け・袖板等は省型と少しも変わらない。そこで金槌を借りて軽く叩いてまわったら、まさにカンカンと音を立てたので全鋼製だと納得したものだ。

しかし、この頃の阪和線は、かつての親会社南海の不振からか、あるいは無責任さからか保守不良が重なり、不可動車続出で完敗寸前の有様だった。応援車は戦時中のため詳細は判らないが、買収と同時に２両編成が７本も入っている。何しろ不可動電車の編成や、客車のみ、貨車のみを引っ張る動力車はＳＬ・ＥＬ等、関東からも応援を仰ぐ始末で、車体復旧改造を要する事故例は４年間に約20件に及んだ。

結局、昭和25年から床下機器を省型化、同31年から運転機器も省型化をしたため、省型並みの形式に統一、同34年一斉改番で省型形式の一角、20系の番号を貰った。

こうした努力が実り昭和42～43年まで使用されたが、廃車後は大形車体と強力なモーターが災いし、私鉄への譲渡は２両のみ（松尾鉱業→弘南鉄道）に留まった。

張上げ屋根でスマートな形態の阪和電気鉄道クタ7000形。片運転台で新製されたのは２両のみ。形式の「タ」は縦座席＝ロングシートを意味する。昭和26年８月、鳳電車区。撮影：寺田貞夫

新製時から３扉だったモタ300形。阪和形の特徴といえるヨーロッパタイプのパンタグラフは、まだ国鉄形に取換えられていない。昭和26年、鳳電車区。撮影：増田一三

第3章

省電の王者・横須賀線

軍港・横須賀への路線

横須賀線は、明治22年（1899）6月16日、大船〜横須賀間が軍部の強い要請を受けて軍港・横須賀への路線として開業した。おのずと大正11年（1922）の東海道線電化計画とともに横須賀線もこの計画に組込まれ、大正14年12月13日、東京〜国府津間とともに横須賀まで、輸入した電気機関車牽引による客車列車の運転を開始、昭和5年（1930）3月15日に電車運転が開始されている。

●電車による長距離輸送の始まり

当時、通勤圏が約30キロそこそこの頃、この横須賀線の電車運転は、東京〜横須賀間62・4キロでまさに「電車の長距離輸送」の始まりであった。この時、海軍側の要請で2等車も運転されることとなり、将校たちが幅を利かせて利用したものである。

なぜ、これまで電車が長距離輸送に使われなかったかというと、陸軍のいう「敵の攻撃で架線や変電所がやられれば軍事輸送が麻痺する」の言葉があったからだが、第2次大戦では本土には一指も触れさせないと豪語した軍部の言とは矛盾が見られたものだ。

郵便・荷物合造のモハユニ44を先頭にした横須賀線の列車

●良き時代の横須賀線

私にとっては横須賀線は浅からぬ縁であった。それは千葉へも行く１１３系ではもとよりないし、二つ目玉のクハ76でもない。それらとは別世界の横須賀線である。

スカ線、その名は懐かしい響き、スカ線と言えば私の脳裏に浮かぶのはあの苦味ばしった顔のずんぐりと短い体躯、のちに青帯にドア横の大きな2の字の上品なサロを従えて疾駆する、あのモハ32の姿だ。まさに省線電車のエリートである。

この頃、横須賀線の編成は下り方からモハ32＋サハ48＋サロハ66＋モハ32の基本編成に、クハ47＋サロ45＋モハ32の増結が付いて7両、いちばん前に異端児モハユニ44が付いて8両の時もあった（モハユニ44が基本編成に組入れられているのを後年写真では見た）。

さらに夏の多客時には、東京側にサハ48＋モハ32が増結されることもあった。基本4両で走っていることはむしろ稀で、夏には見たこともなく、その頃の私はスカ線がたったの4両で走るなんて夢にも思わなかった。

ごく稀に、この増結2両にはクロ49＋モハ32が付く時さえある。漆塗りの渋い高貴な色のクロ49はもとより皇族専用で、その前に立つモハ32はパンタグラフと密連の前面を銀色に塗った特別の奇麗な車両。これを先頭に、3カ所の青帯も鮮やかな堂々たる9両編成の電車が疾駆する。当時の電車としては、類例のない雄大な編成の電車が、特急「富士」「つばめ」と同じ線路を突っ走るのである。横須賀線の電車は、まさにエリート中のエリートだったのである。

●横振れの王者はスカ線

戦前のファンはスカ線を「省電の王者」と呼んだ。私にとってスカ線で特に印象に残るのは行先札で、水色地に白の縁取りで、白字で行先が書いてあった。山手・中央・京浜・総武各線と比べると引き締まった感じがするとともに、車両は客車並みのクロスシートで特別に思われた。

さらに丸屋根で整っていたうえ、実質的な省電初の急行運転で、速い、ということがその理由であった。

並走する京浜間の鋼木混結編成をスイスイと追い抜く様子は、まさに省電の王者に相応しかっ

豪快な走りっぷりで人気が高かった横須賀線用のモハ32。写真は湘南色とスカ色の試験塗色車。昭和25年1月、田町電車区。撮影：長谷川弘和

た。

私がその速さを体験したのは、昭和15年（1940）頃のこと。この時、東京駅を8時50分に不定期特急「つばめ」が出ると、続いて特急「つばめ」が9時ジャストに出るというダイヤがあったのだが、この間にスカ線が1本入っていたから驚きである。

私が体験した日は、到着が遅れた不定期特急「つばめ」の出発が8時55分頃になった。こうなると不定期特急のあとに発車するスカ線は、正式には6駅目に停車する大船まで逃げて、後続の特急「つばめ」から先行するところ、手前の横浜待避となる。

特急「つばめ」は横浜まで無停車、スカ線はお尻に火がついているからスピードを出すことといったらなかった。新橋・品川（当時、川崎は通過）では、ドアを開けたと思ったらすぐ閉まってしまい、ホー

ムの椅子に腰掛けて待っていた人々は乗り遅れる始末。100キロ近いスピードで走るから車体は物凄い振動で、それこそ車内でうっかりしゃべれば舌を噛む勢い。

そして、横浜に停車するかしないうちに、もう隣の線に特急「つばめ」が進入してくる。今と違ってATSがないから、ポイントさえ開いていれば注意信号でもお構いなしに驀進してくるのだ。ATSがあっては、とてもこんな真似は出来ないし、させないだろう。

別の日のことだが、このスカ線の最後尾に乗ったら、川崎～鶴見間のカーブでは長さ130メートルの棒の先が振りまわされるような遠心力を感じてしまい、いっぺんで懲りてしまった。スカ線は「横振れの王者」と先輩方が名付けたのは、この辺りを言っているのだろう。

なお、130メートルとは、当時の編成の長さである。

●田町電車区気質

スカ線のお守《も》りは田町電車区。省線電車のなかでも長距離を担当するエリート区であった。検修部門でも長距離電車を扱うという自負もあり、運転士さんも天下の東海道を下駄電（近距離電車の俗称）を尻目にすっ飛ばすんだ、お召電車があるんだという気位があった。

昭和14年（1939）のある日、スカ線を見たくて訪れたところ、区長さんから「どうやって来た。ここに来るのには職員通路以外ないいんだぞ、いい加減にしろ」と怒鳴られた。

木造の田町電車区の検修庫。昭和16年11月

色々とお話の末、「今日は帰れ、見学はまかりならぬ」との御託宣は、私なりに解釈して、次はいいんだなと考え、第2回目は教えていただいた道を通って伺うと、「また来たのか、よほど電車が好きなんだな。しかし写真は無理だぞ」「では日本一の電車を見せてください」ということで今度は見学許可になった。

いちばん関心のある運転士さんの溜まり場では、お召電車の苦労話、前述した特急「つばめ」の前を走った横須賀線の運転話などで心躍らせ、当直助役室での出庫打合わせでは「下り○○区間、相当の混雑が予想されますが、遅延のないよう所定時分確保願います」等の指示をメモする運転士の真剣な応対と復唱、そしてきりっと帽子のアゴひもをかけて胸のすくような敬礼。これぞ鉄道省の電車運転士、という姿を羨望のまなざしで見入ったものだ。

帰り道に写真をパチリ。これがボケ写真ながら、木造庫のたった1枚の現場写真として残り、昭和55年（1980）11月、「田町区50年記念写真帖」を飾り、大いに喜ばれた。

その時の区長さんが森居浅次郎氏。4年の長きにわたり区長を務められ、その後退職してから『鉄道ピクトリアル』を発刊の電気車研究会に飛び込まれ、鉄道界に一生を捧げた方である。

●電車化当初の車両

昭和5年（1930）3月の電車化当初は、横須賀線の車両は借用車両。東鉄管内電車区からの借り賄いで、車種はモハ半鋼製2形式、クハ・サハは4形式の計101両。そのうち2等車はサロ18形であった。

その後、専用車両も続々登場。電動車は17メートル、付随車等中間車はすべて20メートルとなった。電動車が従来と同じ17メートルとなったのは、設計が間に合わなかったためで、残念ながら通勤用モハ31形の機器設計に準じた設計になった。

区の話では、モハ32形にはシャント（弱メ界磁）による直流モーターの速度を上げる新機構を採用したとのことで、初めて小型ながら100キロ近い速度が維持できた。

新設計車の投入は、昭和5年10月のモハ・サハ8両で始まり、最終は昭和10年3月のモハユニ

44形で、基本4両、モハユニ付きは5両であった。

思い出に残るスカ線の車両たち

幼時、我が家では夏休みに鎌倉に行くのが常であった。いろいろな車両に出会ったが、ここではそんなスカ線の車両たちの思い出にふれてみたい。

父に連れられて一家で乗るのはいつも後ろから2両目、サロ45だった。ともかく、心うきうきという時に乗った思い出の車両である。

●幼な心をときめかしたサロ45

この頃のサロ45は必ずしも奇麗な室内とは言えない。どういう訳か知らないが、スカ線の車両には時々天井の化粧板の継目板を普通はニス塗りだったものを白一色に塗り直したのがあったが、このサロにも何両かそれがあった。黒ずんだニスの色は、この頃の製造後10年くらい経った車両は皆そうであったが、白く塗り潰した天井に黒ずんだニスの色は暗い感じというより何かなごやかさに欠けていた。そしてクロームメッキの窓錠も妙にきらびやかでいい感じではなかった。

座席はこの頃の2等車の標準で客車とほとんど同じだが、電車の座席は2等車といえども通路側に肘掛けがない。さぞ落ち着かないだろうと思うが、当時そんなことは感じなかった。もっとも家族で乗れば、いつも私は窓側に座らせてもらったから感じなかったのかも知れない。

昭和15年（1940）頃になると、「大井工場特修」という銘板を付けて、ニスを剥がして塗り直し、新車のように奇麗になった車も何両かあったが、それが何号車だったのか全く記憶がない。このサロ45のうち2両はサロハ66に改造されていたが、それが3等車が足りなかったためなのかは不明である。ダブルルーフのサロを見たことがあるが、乗ったことはなかった。

そして、スカ線にずっと残っていたサロ37001と002はこの頃からいた。最初は京浜線のままの姿で幌もなく、貫通ドアは開き戸。その開き戸の窓は摺りガラスの下落とし窓。その窓を開けると妻板の窓のない2等車も隣の3等車から室内が丸見えで、2等と3等の間だけ幌がないのも変なものだった。まもなく、この2両は特別修繕を受け、奇麗になると同時に開き戸の貫通ドアは引き戸に改造され、幌も付けられてスカ線一族の養子（?）として旧型車の最後まで生き残ることになったのである。

のちに知ったことであるが、この2両は幸運にも生き残ったもので、実はこの時、特修の本省の手配は、当時3等代用として使われていた37011と012だったのだそうである。これは昭和6年製でリベットが少なく、台車がTR23。これだとサロ45の昭和6年製の車長をただ短くしただけで、当時としては古い感じはしなかっただろう。

しかし、どこで間違えたのか001と002が2等車のまま特修された。この2両は初期の丸屋根で、古臭い肩の高いカーブの屋根である。そして011と012は特修の際にサハ39に改造され、2両とも山手線で戦災に遭い焼けてしまった。

この入替わりの事実はずっと後に、大井工場のT技官と知り合い、本省の車両台帳を見せてもらっているうちに、37001と002は抹消され、011と012が在籍している事を私が発見したものである。

残った37001と002の2両は台車がTR21という珍しいもの、これはTR22（DT11）の付随車版で4両しかない。もともとはサロ35の昭和3年製にのみ付いていた台車らしいが、どういう訳か37の4両が取り換えられていた。それで山手線に入ったサロ改造のサハ39の中にもこの台車が2両あった。そしてサロ37001の製造時の写真を見ると、TR11が付いている。話が横道にそれたが、こうしてサロ37はスカ線の一員となった訳である。

●スカ線のサロハ

一方、サロハの方は66以外になかったが、そのなかに前述したサロ45から改造されたサロハ66が2両あった。これは窓割りはほとんどそのまま、ただトイレの窓が700ミリと500ミリという変則（普通のサロハは600ミリの窓2つ）で、3等室は2等そのままの窓で3等座席を付け、座席と窓が食い違った配置というスカ線の例外的車両だった。しかし戦前の改造だから手を抜くことなく、3等側の妻面にはちゃんと窓を新設してあった。この2両も戦時改造によってサハ78になったが、窓割りがサロの改造と同じなのに天井は仕切り板とトイレの天井がそのまま残って京浜線を走っていたのを覚えている。ただ、特徴的なトイレの窓はちょうど新設したドアのところになり、残っていなかった。

それにしても45、47、48、49と続いた形式番号なのに、なぜサロハだけ66だったのだろう。昭和5年（1930）、生まれた時はサロハ46だった。しかし長距離電車として当時、省電で初めての試みとしてトイレを付ける改造をした際、サハとサロハにのみ付けたのであるが、サハ48という形式は当時スカ線以外になく、つまり全車トイレ付きとなった。

一方、サロハ46は大阪の42系にサロハ46があった。これは後にクロハ59に改造されたが、当時はサロハだったのでトイレ付きを区別するために、スカ線の46は66と改名されたのだそうである。そして、クハもサロもトイレは付けなかったので、クハ＋サロ＋モハの増結編成ではトイレはない。

もとより、クハとモハが向かい合ったところは幌はおろか貫通ドアもないから、増結に乗ったらトイレには行けない。どうしてこんな中途半端なことをしたのだろうか。

横須賀線はお召電車クロ49が用意されていた。運転室寄りの半室が貴賓室で運転時は中間に連結した。昭和27年6月、大井工場。撮影：寺田貞夫

●お召電車

皇室には御用邸が葉山と那須にある。戦前は那須のほうはSLの引く皇室用客車で、葉山のほうはお召電車が使われており、昭和7年（1932）に皇族用車両クロ49形が出来る以前は、ナイロフ20550という客車をモハ32形に挟んで運用していた。

クロ49形が出来てからは、田町電車区の一角に特別車庫が造られ格納してあったが、運転室があっても先頭車や最後部で走ることはなかった。一例を挙げると、昭和19年4月以前は一般編成7両の後ろにクロ49＋モハ32を付け、この時だけは堂々9両編成で使用した。この時の前後のモハ32形は、連結器とパンタグラフを銀色に塗り替え、車掌は基本7両と編成ラストの2名乗務で警護に万全を期したものである。

昭和19年4月以後は一般編成との連結をやめ、モハ

32＋サロ45＋クロ49＋モハ32といった特別編成とし、サロは45005を供奉車《ぐぶしゃ》として指定したようである。

なお、昭和16年3月25日、天皇ご乗用の際は、モハ32036＋サロ45004＋クロ49001＋サロ45013＋モハ32003＋モハ32033という重厚な編成を組んでいた。

●スカ線の新聞電車

鉄道省は昭和7年（1932）頃から海・山への旅客誘致に力を入れ始めた。このため、近場では逗子・葉山・鎌倉・江ノ島あたりの海水浴場、遠出では湯河原・熱海・伊東の温泉地が人気となり、多くの家族連れで賑わったものである。

特にスカ線沿線へ出かける場合は日帰りのみならず、半月・1カ月滞在というリゾート客も結構多く、沿線は大混雑であった。

こうした滞泊組に対応するため「新聞電車」という名の編成が出来たが、朝夕刊のみならず手小荷物をも運ぶ役目を果たし、物珍しかった。この編成ではモユニ2003（旧・三鷹区）のほかに、サニ27（旧・品川区モニ3の改造）というゲテモノが生まれ、モハ32035＋モユニ2003＋サニ27001＋モハ32002といった編成で飛び回っていた。このスジは早朝と夕方で、写真撮影には縁遠い時間帯だった。

夏の横須賀線で見られた荷物電車の4両編成。撮影：弓削進

こうした新聞電車は、昭和16年12月頃までこの方式を継続し、東京〜上野間回送線を経由して上野駅まで入るようになった。同19年4月改正でもモユニ12002+モハ32034という編成が上野まで入っていた。

戦後にはこの方式の活用が考えられ、湘南電車計画の際には、モユニ81形の使用方法に影響を及ぼした。また、昭和46年12月からの隅田川・汐留貨物駅滞貨救済のための「歳末荷電」ではこのルートが活用され、品川または大垣から長岡・新潟へ同52年まで運転されている。

参考までにいうと、この荷電には廃車を控えて余剰となっていたモハ72などが使われていたことが話題で、編成が毎年異なっていたことも特徴であった。

昨今でもこのルートを活用し、東北線と東海道線を結ぶルートの実現に向けた工事が進んでいるが、誠に結構なことと思っている。

戦争中のスカ線

まもなく時代は戦時へと突入する。まず電車だが、近距離電車の2等廃止の波はスカ線にも押し寄せた。サロ45もサロハ66も鮮やかな青帯を消して3等代用となった。が、まもなく当時全盛を誇っていた軍部からクレームが付いたのだそうである。

「帝都と軍港横須賀を結ぶこの横須賀線、帝国海軍の軍人が下々の者どもと同じ3等車に乗れるか！」ということだったらしいが、このおかげでサロだけは復活して再び青帯を入れ、サロ45とサロ37が最後まで残ることになったことは、我々ファンにとっては幸いだったことである。

東京・大阪付近の下駄電区間の2等車は、3等車に格下げになって通勤者を大喜びさせていた。格下げになった車両には、関西の東海道線京都〜西明石間のクロハ59・69形がある。次いで昭和17年（1942）11月、関西の京都〜神戸間に残されていた急行使用の流電サロハ66形が格下げになった。

ところが、スカ線は海軍側の要望で2等車のまま残されるに至った。

スカ線では夏季臨時列車用の2等車不足を補うため、木製のサロ18形、ダブルルーフのサロ35、丸屋根のサロ37など4両が移ってきた。その使用例は昭和16年12月22日ではクハ55036＋サロ37002＋モハ32032＋クハ47010＋サロ35001＋モハ32012がある。

●3扉車の投入と車両の改造

また、スカ線にも続々と3扉車が入って来た。同時にあの客車のようなクロスシートの一部取外しが始まった。この頃、例の京浜線の悲運の2等車サロハ56の張上げ屋根の2両が特修を受け、改造されてサハ57059と60となって入ってきた。前述したように、この2両は生まれてから青帯を付けたことのないサロハである。改造後は座席を半減したが、立席のところに木製の手摺りを付けた丁寧な改造だった。

スカ線一族はクロスシートの半分が外された。どういう訳かモハ32は一つおきに、サハとクハは中央片側を各3脚だけ残して外された。サハ48に設置したトイレの反対側の端の、600ミリの窓一つに4人分のクロスシートという変な配置の座席も姿を消した（ここに座ってみたかったが、ついにその機会はなかった）。

モハの一つおきの座席の下はヒーターが残っていたが、サハもクハもヒーターは全部外された。世は電車の暖房など贅沢は許されなくなっていたのだった。そしてこの外された座席は客車のスシやマロネの改造に利用され、マハ47等が誕生したのである。

ついでに言えば、戦争前の良き時代から東京～沼津間の近距離列車、湘南列車と呼ばれた湘南電車の先祖であるが、これらの列車には近距離用としては異例に良い車両が使われていた。しかも、電気機関車のみの牽引のため電暖を備え、ナンバーの下に△マークを付けて区別した。これらの車両も改造され、2等は青帯を消して3等代用となり、3等は端のほうを縦座席にして吊革を付けた。そしてスハ32はスハ36に、オハ35がオハ40と改番された。2等車のなかには、まだ真新しい張上げ屋根のオロ40もかなりの数がいた。ライトグレーの屋根に青帯というあでやかな姿も見られなくなって残念だった。この時に外したスハやオハの座席も集めてマハ47に使ったのだろう。マハ47はかなり多く走っていて、3軸ボギー車ならではの走行音を楽しませてくれた。

●戦時色が濃くなり、2等車廃止

昭和19年（1944）4月、遂にスカ線の2等車も廃止になった。

そこで困ったのは海軍側で、同年8月26日に青帯の復活となったが、時すでに遅く、使用車種はサロ37・45（残存）、クロハ69に過ぎなかった。勘案の末、代用サロに行き着き、サハ36形1両、48形3両、75形1両に青帯という前代未聞の措置をとった。昭和20年2月のことだ。なかでもサハ48形はすでにラッシュアワー用に改造済みという有様で、結局クロスシートを取った跡にロングシートを付ける応急工事。

連合軍用白帯車に使われたクロスシートは、アメリカ兵に言わせると、膝がつかえて斜めに座らざるを得ず、2人分をひとり使用でとんでもない車両と不評であった。これらの車両は昭和24年から青帯に復活し、昭和25～26年まで使われている。

戦局は日に日に悪くなり、たびたびの空襲である。

スカ線はガラスが割れて荒れ放題、疲れきった32一族はそれでも健気に働いていた。その頃はサハ57、クハ55等が一族のなかにかなりの数が入っていた。そして、32も47も48も一部他線に出て行った。猛烈な混雑の横須賀線の2扉車を駅の少ない横浜線と常磐線に持っていったのだ。そのためスカ線は、2扉と3扉が雑然と混在するようになった。

変わり種として、大阪から来たクロハ69の2両も入っていた。この疲弊した時代にもスカ線には2等車が付いていたのである。

この車両は戦中に総武線の津田沼の陸軍施設に、ある宮様が通勤するためわざわざ大阪から持ってきたもので、一度、秋葉原の高架線の上を走っていたのを見て驚いたことがある。その後、用がなくなったのかスカ線に当分の間いることになった。丸妻に幌の付いた電車は関東ではきわめて珍しい。ただしこの車両、関東ではついに先頭に立ってその顔を見せたことはなかった。

窓から乗り降りするなんて今日では想像もつかないだろう。ドアの少ないスカ線ではそれは日常茶飯事だった。連結面にも人はぶら下がる。長距離電車の象徴のような幌はびりびりに破けて

●電車区間　SL・EL牽引事例　（注）ＰＣ＝客車　Ｍ＝電車

日　時	区　間	状　況	その他
昭和20年4月5日 （戦災）	東海道線　大森～鶴見	SL＋PC	3往復（横浜無停車）16時50分復旧
昭和20年４月～５月13日	仙石線　全線	M＋DC２両＋M M＋PC２両＋M	
昭和20年５月25～28日 （戦災）	山手線　田端～品川	SL＋PC（詳細不明）	60分毎
昭和20年５月25～29日 （戦災）	中央線　東京～中野	SL＋PC（詳細不明）	東京～新宿　60分毎 新宿～中野　30分毎
昭和20年５月30・31日	東海道線　鶴見～保土ヶ谷	SL＋PC（詳細不明）	単線運転 （注）５月分都電定期券所持者は山手・京浜線乗車可（５月29～31日）
昭和20年６月４日～11月19日 昭和21年8月1日～22年2月28日	横須賀線　全線 横須賀線　全線	EF53＋M９両 EF53＋M８両	他に久里浜・横須賀⇔横川・品川電車７両運転あり
昭和20年8月3日	中央線立川～豊田	SL＋PC（詳細不明）	
昭和20年10月から約半年	富山港線　全線	EL＋EL＋M＋PC2両＋M	
昭和21年２月8日～５月 昭和21年２月8日～５月 昭和21年５月1日～8月7日	阪和線　全線 阪和線　天王寺～杉本町 阪和線　全線	SL＋貨車 モカ＋M EF511＋PC２両 ED17＋PC１両＋M ED18＋貨車2両＋PC2両	4往復 11往復 6往復 6往復 6往復
昭和21年４月1日～５月15日 昭和21年8月1日～9月30日	身延線　富士～西富士宮 阪和線　和泉砂川～東和歌山	SL＋サハ26　2両 C58＋貨車2両＋PC１両	6往復 所要時間45分
昭和21年8月1日～22年1月19日	中央線　国立～浅川	ED17＋M６両　2本 ED17＋PC６両　1本	クハ1001入る
昭和21年10月3～12日	山陽線　大阪～姫路	SL＋M５両	1往復、当初は客貨混合

繋がってなかった。そして、何両もの32や48が無惨に焼け落ちた。横浜駅に停車中のスカ線電車が機銃掃射で穴だらけになった。この時、大阪から来たクロハ６９００１が被害に遭ったのを見た（幸いにこの車は復活したが）。人も電車も明日の命はわからない。こんな時代だったのである。

このような不可動電動車の続出は全国各線で見られ、ＳＬやＥＬで牽引する事例が相次いだ。右表は私が記録できた12線区の例である。

●スカ線もついにＥＬ牽引

戦局はますます悪くなり、我が省線電車も最悪の時代に突入する。激しい空襲のなか、次々と電車も焼け落ちる。無理な酷使から、電車はモーターから煙を出して動けなくなるものが続出した。それでも、編成のなかのモハ１両を２個モーターに解放したりしながら何とか動いていた。

しかし、それも限度に来た。昭和20年（１９４５）の春頃だったと思う、それまで何とか30分毎に運転していた横須賀線は１時間間隔になることになった。そのかわり、７両編成の電車を９両編成の電機列車として運転すると駅に貼り出された。

電機列車って何だろう？　ダイヤ改正の当日、新橋駅で待っていた目の前に入って来た久里浜行きの電車を見て仰天した。「ピイッ」と電気機関車のホイッスル、迷彩色を施したＥＦ53がなんとモハユニ44以下、電車を引いてホームに入って来た。

その時の印象は、義理にも颯爽と走って来たとは言えない。疲れきったEF53が、瀕死の仲間たちを何とか励ましながら健気に引っ張って来たといった感じだった。もちろん、満足な窓ガラスなどほとんどないボロボロの電車たち。それでも初めて見た電機列車は半分くらいスカ線の車両で、律儀にもサロ45も入っていた。サロの位置は列車に合わせて前から2両目に変わった。

最後尾はモハ32、その他は48と55か57だったのを覚えている。いちばん前と後ろだけ機関車との連結用に自動連結器を応急的に付け、それでもパンタグラフは上げ、MG（電動発電機）とコンプレッサーは動いている。そしてちゃんとドアエンジンは効いている。しかし容量不足なのか、コンプレッサーは回りっぱなしで焦げ臭く、ドアは力なくやっと閉まり、室内灯は1両に2個薄暗く点るだけ。今日の停電用非常灯くらいなものだ。

そんな電車に超満員の乗客がぶら下がり、EF53のデッキにまで人を満載し（サロだけは海軍軍人が悠然と座り）、鎌倉まで1時間半くらいかかってよたよたと走っていたのである。

そして、この編成は日に日に変わっていく。各線から動かなくなったモハ30や50、果てはノーシルのモハ60まで続々と入って来た。ほとんどがモーターを外していたが、なかにはモーターの付いたままの車両もあった。たぶん、どこか他の故障で動けなくなったのだろう。同時にスカ線の主《ぬし》、モハ32はほとんど見なくなった。比較的状態の良かった32は横浜線、常磐線に散っていき、順ぐりに動けないモハをスカ線に集めてきたらしい。その後、6月11日改正があり、久里浜駅発着はEL牽引列車19本、電車4本の計23本とし、このうち朝2本と夕方2本への乗車は定期券所持者のみに制限せざるを得なくなった。

かくして、栄光のスカ線は惨憺たる有様になった。空襲のさなか、焼夷弾と機銃掃射をくぐりながら、こんなになっても電車は走っていたのである。

●わずかに残る自力で走る電車

スカ線には自力で走る電車も僅かに残っていて、7両編成が1編成か2編成くらいだったのだろう。朝夕には電車も走っていたが、大船で折返すことが多かった。だから大船からよく列車に乗り換えた。客車も次々と焼け落ちて足りなくなっている。東海道線の近距離列車も「湘南列車」なんていう洒落た名前どころではなくなっていた。

走れる客車はすべて動員され、東海道線になんと旧山陽鉄道の車両らしい17メートルの3軸ボギーの木製車が改造されて入っていた。明治時代の食堂車らしい車両の真ん中に電車のような引き戸を設え、木のベンチのようなサイドシートを付けたオハ8500という形式の背の低い小さな車両がスハ36（スハ32改造）に挟まれて走っていた。これは何種類もあって両数も多かったようだ。どこかに置いてあったのを引っ張り出してきたのだろう。

戦災などで電車の稼働率が低下したため、横須賀線では電気機関車で電車を牽引するという苦肉の策が取られた。撮影：長谷川弘和

同じく、使わずに置いてあったらしい車両で、ゲルリッツボギーを履いたオハ35も駆り出されて走っていた。この台車は当時、同盟国ドイツとの技術交流ということで試作した珍しい台車で、軸距3300ミリという長いもの。ジョイントのリズムの大好きな私は、大船駅でホームに入ってくるなり音で気付き、駆けて行き乗ったものだった。オハ35593、張上げ屋根の車、その乗り心地は妙にフラットで堅く、日本の台車と全然違うなぁと思ったことだけを覚えている。

●蒸気機関車が電気機関車を牽く

そんな頃のある日、誰から聞くともなく東京は大空襲の最中だと情報が伝わっていた。こんな時は横須賀線は大船で打切りになる。

しかし、大船から、上り列車のいちばん前のスハフ32にやっと乗り込んだ。列車は途中、止まりながらやっと品川にたどり着くと、そこで動く気配もない。京浜線も山手線も空襲で止まっている。とにかくこの列車は東京駅まで行くというので、すし詰めのスハフ32のなかでじっと耐えた。

どれくらい待っただろうか、やっと「まもなく発車しま〜す」と叫ぶ駅員の声。すると、なんと〝ポーッ〟と蒸気機関車の汽笛。「ボボボボ、ボボボボ」とテンポの速いブラストの音とともに列車はゆっくりと走る。

すし詰めのなかで、苦心してデッキのほうを見ると、EF53の顔がちらりと見える。どうも架線が切れた線路を、電気機関車ごと蒸気機関車が牽いているらしい。ブラストの音は速いにもかかわらずゆっくり走る。牽引している蒸機はなんだろう？　キューロクだろうか。

列車はやっと新橋にたどり着く。屋根が焼け落ちたホームに降りて前のほうを見ると、パンタグラフをたたんだEF53の前に、はたして9600が白い蒸気を吐いていた。

●東海道線列車のハプニング

戦後の交通事情は悪くなる一方。朝の東海道線、EF53形電気機関車が牽く通勤客車は、機関車前部のデッキまで人を乗せて到着。運転士さんは前方が見えず、仕方なく立ちっ放しで運転。

この列車のなかに1本だけ、オールオハ30系ダブルルーフ客車14両を繋いだ熱海発の列車があった。この奇麗な編成が魅力で、東京駅での写真撮影を試みたが、2〜3回撮影に行ったものの隣のホームに列車がいて撮影不能。仕方なく新橋に行った。そこで目にしたのは、大方の乗客が、列車が徐行しているうちに次々とホームに飛び降りる光景であった。

見ていると、多くの乗客がホームに転がる有様で、怪我人が出て駅でも大弱り。その原因は、自分が降りる階段口を過ぎた乗客が後ろ向きに列車から降りるせいで、ホーム事務室はさながら応急救護室。産業戦士のお若い方々は「慣性の法則」の勉強をしていなかったと思いたくなる。

ところで、このような事件の発端は、昭和19年（1944）1月～昭和20年3月に、秋葉原駅で見られたのが最初のようである。田町～田端間複々線工事にあたり東京方面行き側線を利用してホームを造り、外側を山手線、内側を京浜線として使用したところ、後続列車で到着した乗客が停車している先行列車に飛び乗るため、駆込み乗車のトラブルが出た、というものだ。

戦後では、池袋駅でドアポン乗移り客のぶつかり合い、最後は昭和23年11月の新宿駅朝の上り1・2番線のサーカスもどきの珍プレーと続く。いずれも時間が貴重なサラリーマンの涙の物語であった。

第4章

戦争と省線電車

戦時体制

昭和12年（1937）7月に日中戦争が始まり、国内は徐々に戦時体制に移行し、昭和16年12月、太平洋戦争に突入。そして昭和20年8月の終戦となり、日本は連合軍の占領下に入った。連合軍による占領は昭和27年4月28日まで続いた。

この間、昭和15年頃から兵員輸送のため「鉄道は兵器」と見なされ、警察および軍の監督下に置かれるに至った。戦時に向けた国内情勢の変化は日を追うにつれ強化され、警察は市民の井戸端会議にも目を光らせるようになった。

大学生になった年、私の友人田口君のことで警官が学校に来て事情聴取があった。男女2人で昼間から渋谷をうろついていたので、田口君が不審人物と認定されたというのだ。蓋を開けてみれば何のことはない。女性は彼のお姉さんで、警官の疑いは晴れ、この件は無事解決した。学業の最中に街を歩いていただけで不逞の輩と考えられてしまう、嫌な世の中に変わってきた。

こうした流れは鉄道にも及び、私たちのような鉄道を愛し、研究する者にとっては、駅頭での写真撮影はおろか、カメラを露出で持参しているだけでも目を付けられる始末。ましてやホームでの列車番号のメモ書きは、見つかったら確実に大変な目に遭うため、細心の注意を払って素早

昭和13年の省電2等廃止で普通車に格下げされたサロ18。座席はそのままだったが、翌年から鋼体化改造でクハ65になった。昭和14年10月、万世橋駅

く済ませたものであった。

要するに、人ごみにも気を付け、頭の後ろにも目を付けて歩けというのが当時の私たちの合言葉で、その様子は年代を追って書いたほうが読者の皆様にご理解いただけると思うので、次項に簡単なコメントで列記する。よくもこんなに規制を考え出したものと、関係者の努力に感嘆する。

●昭和15年以降終戦までの鉄道規則の変化

昭和13年（1938）11月の省電2等車廃止でいよいよという感を深くした。昭和15年8月「贅沢は敵だ」の標語が出始め、昭和16年8月には3等寝台廃止が始まり、優等車も同様、寝台車は3等車に、食堂車のうち売店付き3等席に改造したものは、スハシ48などのように「シ」が小さく標記された。

この頃の売店に行ったことがあったが、カウンターには誰もいない。「すみません」と声をかけると、カウンター

の下に隠れていた売り子が顔を出し「売るものがないです」と。その後特急・急行の廃止と続いた。

昭和16年（1941）
・9月　国民の生活は配給切符制となる
昭和17年（1942）
・8月　交通道徳強調週間を迎え、東鉄を中心に警視庁・産報（産業報国会）・大日本青年団・日本交通協力会が協力し、東京から湘南方面へ道徳電車を運転
・12月　旅行抑制・乗越し禁止
　1等→3等に改造、急行の近距離乗車不可
昭和18年（1943）
・3月　乗車券地紋なし白紙発売
・6月　学徒動員態勢確立
・7月　急行は全部指定制
　旧特急の「富士」「燕」および東京～熊本間7・8列車の3本のみ、途中下車禁止
・10月　連絡船は名簿提出

・11月　携帯空気枕を菊池商店から発売
・12月　電車区間は通用当日限り
　　　列車区間の切符は同行3名まで一括発売、それ以上の購入はもう一度並ぶこと
　　　早朝4時から並ぶこと（早い者勝ち）
　　　通学者は身分証明証提出
　　　電車区間は枚数制限（乗車日指定制）

昭和19年（1944）

・3月　夕刊廃止
・4月　時刻大改正
　　　通行税値上げ
　　　寝台車・食堂車は廃止
　　　買出し、近距離疎開、学徒帰省、鍛錬旅行、勤労奉仕、各種団体などの旅行はすべて不可
　　　職員家族の無賃乗車証、家族パスの取扱い廃止
　　　託送手荷物は扱わず

通勤輸送の円滑化

（A）100キロ以内

公務は前日、急行利用は前々日に申告

（B）101キロ以上

一般は警察署で証明を発行してもらい駅へ申告。受付は正午から16時までで、承認は駅窓口に番号を貼り出される。承認されると翌日申告駅で切符受領、発券までに早くて4日を要する。突発事故には駅長承認に2日を要するから3日目に乗車可能であまり役に立たない

※急行（遠距離は要務のみ）の一般利用はまず無理だが、急行券が買えれば乗車券購入可。

・6月　東鉄管内軟券使用認める

・7月　空襲時の非常対策発表

（A）列車の迂回・無賃送還あり

（B）定期券・回数券・急行券の発売停止

（C）船便は数日前に申請のこと

（D）払い戻しはしない
（E）通用期間延長あり
　湘南・房総方面制限あり
　夜行列車の指定は18時まで受付
・8月　スカ線2等復活（15往復）
・9月　旅行証明書制限（19年4月）は解除、一般は行列買い
　東京駅は午前4時（午後ではない）から発売、すぐ売り切れ（中距離は8時頃）
　新宿駅は12時頃売り切れ
　上野駅は10時頃売り切れ
・10月　旅客賃日報廃止
　※各局の状況／名鉄は発売制限あり、広鉄は隣の駅でも証明必要、九州鉄は独自規制あり、東鉄は11月から省社当日に限り、往復は2日に設定。

●戦時下の乗車券

戦時下に物がないのはやむを得ないが、国は金属類（砲弾になる）、貴金属（刃物類になる）、紙類（PR用）等々を隣組《となりぐみ》を通して供出を要請した。鍋・釜の類も対象とし、銅像等は終戦後も

再利用出来ず、町役場の庭に転がしてあり笑いものになった。まぁその時は真剣だったのだろう。

当時の乗車券もその例にもれず、運輸業の大方は紙不足で悩んでいた。そんな時に私が発見したのは昭和18年（１９４３）８月、四国旅行の折、琴平電鉄、讃岐電鉄、高松電気軌道、琴平急行、琴平参宮電鉄の５社共同の選択乗車券と、伊予鉄道で使用していたダンボール乗車券。

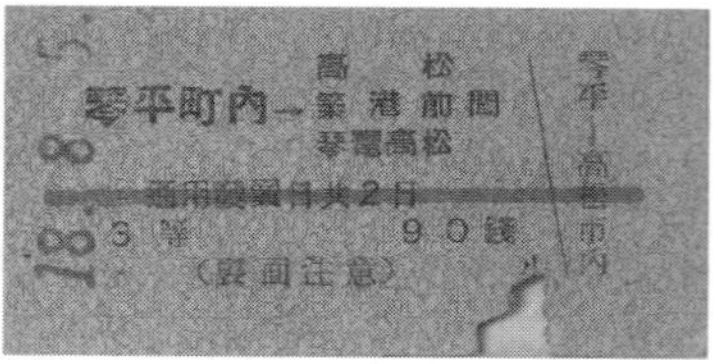

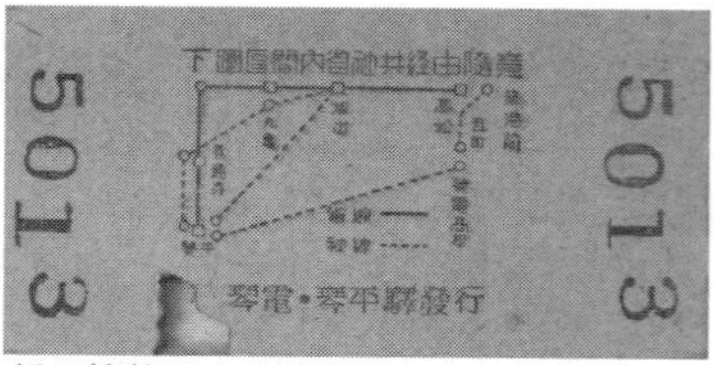

紙の節約のために登場した５社共同のきっぷ。裏面（下）にはエリアの記載がある

見た目に子供のお遊び然としていたので、記念に頂戴した。この発見から切符を気にかけていたら昭和19年10月に東武鉄道から11平方センチの軟券が出た。その後、昭和20年４月に省線（東鉄）から往復券の往券に３平方センチのものが出たのには驚いた。

何故なら、往復券である以上は行先が１０００キロ彼方でも発券するので、乗車中にボロボロになってし

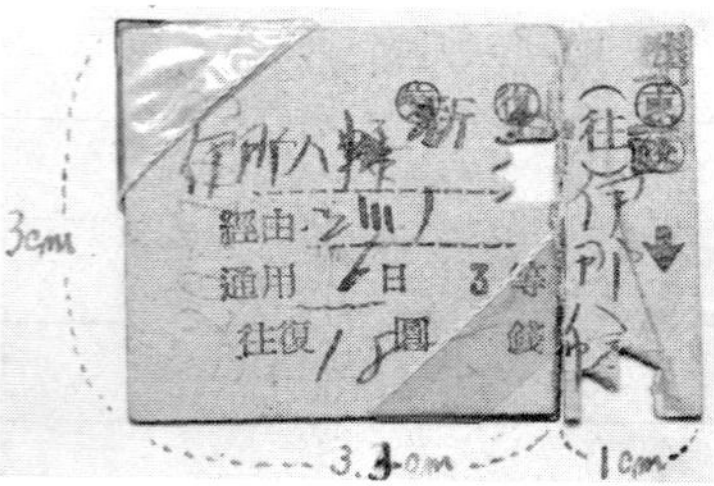

戦時中の紙不足から、小指の先くらいの大きさになった往復乗車券の往券

まうからだ。まさに着駅不明、紛失続出で鉄道省と乗客の双方で大弱り。その後、東急電鉄でも8平方センチのものが出たが、どうやら東鉄の往券が最小であったと思われる。

昭和19年（1944）

・11月16日　空襲下の心得発表
　一般乗車券発売停止、払い戻しはしない、定期券は使えない

昭和20年（1945）

・1月　可部線で白紙軟券乗車券発売

・1月18日　各鉄道局に線区別割り当てとする。長距離の101キロ以上は前日申告とする

・2月25日　罹災者対策策定
　※疎開は自治体の対策とする。手荷物は1人30キロ以内とし3個、1人増える毎に1個とする。

・4月1日　運賃に戦時特別賃率＋通行税を賦課する。汽車区間20キロ以内乗車制限

弁当の包み紙からも、戦争末期のせっぱ詰まった状況が窺える

「勝つまでは不自由をしのげ」の標語
電車環状線均一回数券を発売

・6月10日　主要駅（有楽町・上野・新宿・横浜）に統制官を置く
要務は前日申告受付、
特別承認受付、乗車券の割当配分、緊急要務の承認
東京省電混雑時対応乗車制限、発売停止ある
発行許可乗車券には「特㊕」印を押す

・7月1日　旅行者外食券割当実施
米穀通帳・旅行証明が必要
※8月の状況　全国の餓死者増（国の統計）、ドングリ食を奨励、工業用のメチルアルコール飲用で死亡者多数。

空襲と戦災

昭和19年（1944）7月、サイパン島玉砕による失陥《しっかん》は米軍に日本本土空襲への足がかりを与えた。B29による本土空襲は昭和20年3～5月の東京、6～7月の大阪に始まり、その後、地

方都市に移行し、結局は全国が被害を受けた。被害のない都道府県は皆無、190市町が大なり小なりの痛手を被り、なかでも東京は120回の空襲のうち、12回の空襲で焼失面積80パーセントとなった。地方都市ではたった1回の空襲で壊滅的打撃（福井市では焼失が95パーセントに及ぶ）を被ったところもあった。

B29の出撃数は3万3000機。そのうち機体の喪失485機、損傷2707機（高射砲によるもの65パーセント、戦闘機によるもの35パーセント）、投下爆弾等は16万8000トンと発表されている。こうしたなかで考えられるのは、意外に高射砲の威力があったということだ。終戦直前、1万4000メートルに届く105ミリ高射砲が東京・杉並の久我山に3基据え付けられたが、これが効を奏したと思われる。ここを飛んだB29は、その後は久我山上空の飛行を避けたという。

この頃、友人が品川で車号のない、無蓋貨車のような、不思議な車両を目撃している。これは恐らく、天皇を長野県松代にお運びする「㋙列車」（鋼鉄製）編成の試運転と思われるが、超極秘の計画で機関車の次位に105ミリ高射砲を載せ、ラストに御乗用超鋼製丸型の御座所の載ったチキ3〜4両の編成になる予定だったと推測される。しかし天皇には松代にお移りになる御意思は全くなかったとのことであった。

●3月10日の最初の被害

最初の大被害は昭和20年（1945）3月10日の東京大空襲であった。「備えあれば憂いなし」という軍部の指導とは裏腹に、こんな備えではどうにもならないという実態を見せ付けたのは、下町の人的・物的被害で、東鉄が初めて「㋷」表示の「罹災者乗車券」を出した。

この時の人的被害は死傷12万4711人（警視庁）、9万2865人（消防庁）、死者7万255人（帝都防空本部）、8万3050人（東京都）と数字は異なるが、江東3区だけで死者6万9437人（東京都）と発表があった。焼失面積は東京の40パーセント、焼失家屋19万5542戸に及んだ。私の父も都側で被害処理の指揮をとったひとりであった。

この時の国鉄被害は集文社発行の『国鉄の空襲被害記録』（国鉄施設局監修）を参考としていただくとして、軍部もこの辺りで終戦処理を考えるべきだったと思われる。

帝都防空指揮をとった軍人の話がある。

「墨東地区救護のため派遣された部隊もとうとう行き着けず……翌日、須田町から小松川橋まで全くの焼野が原を見て異様な感に打たれた。国技館も焼け、道路の真ん中にある電車も自動車も焼けて骨ばかりになっていた。罹災者の裸足の様は同胞として見るに忍びず、誰も負けたと言わないが、すでに勝敗を論ずる元気さえなく、余りにも大きな打撃だった」と率直に書かれている。

●空襲の被害

日本の被害は、経済安定本部の発表では死者30万、被災者875万（内務省では死者24万、罹災者835万）で最たるものは広島・長崎への原子爆弾によるもの。たった1発で、広島では死者24万（民間11万、軍13万）、行方不明6700人、長崎では死者7万3800人と発表されている。

【注】いずれも被害者数は警察・米軍調査とも一致しない。広島は昭和29年（1954）調査、長崎は同24年の原爆調査委員会の発表による。

次に国鉄の被害を簡単に述べると、被害規模の小さかった昭和17年（1942）の初空襲を除き、終戦まで202回の空襲のうち、鉄道施設に何らかの被害があったのは108回。しかし、鉄道を目的とした爆撃はなかったため、復旧はわりあいと早かった。

最初の大規模被害は昭和20年3月の池袋電車区で、機能は完全に麻痺、139両（23編成分）が完全焼失した。

復旧に際しては5月15日から焼けた電車の車体に黒ペンキでナンバーを、白ペンキで送り先を標記、16日から大磯・久里浜・津田沼等へ夜間回送した。これら戦災車の中には、私鉄へ送られ復旧したものが大分出た（それだけ車両不足だった）。

こうした焼電車体は2～3段に山積みされていたが、クレーンもない時代にどうやって積み上

丸焼けになったモハ50。被弾はしていないので、歪みはほとんど見られない。昭和20年５月、池袋電車区

げたかいまだに謎である。当時のファンは撮影するフィルムがないため、調査の際に図面に残した方もおられる。

また、小型機による銃撃の被害も意外と多く、浜松工場は壊滅的打撃を受け、車両は蒸気機関車８９１両、客車２２２８両、電車５６３両、貨車９５５８両が全半壊され、その大部分は廃車となった。また、連絡船についても11隻が沈没の憂き目に遭った。

実は、私の妻も小型機銃撃を受けた被害者で、若い頃は何でもなく過ごしたが、年をとった昨今は時々夢に見ると、当時を思い出して暗い気持ちになっている。

妻は昭和20年7月17日、横浜から姉の学童疎開地である武蔵五日市の畑のなかの小学校へ向かう道を、２〜３日後に赤紙で入隊予定の方と一緒に歩いていた。突然、高射砲の音がしたので足早に桑畑を抜けようとしたところ、バリバリと音がして航空機が頭上に来た。危ない…

津田沼電車区の廃車体置場の状況図（作製：三橋克己）

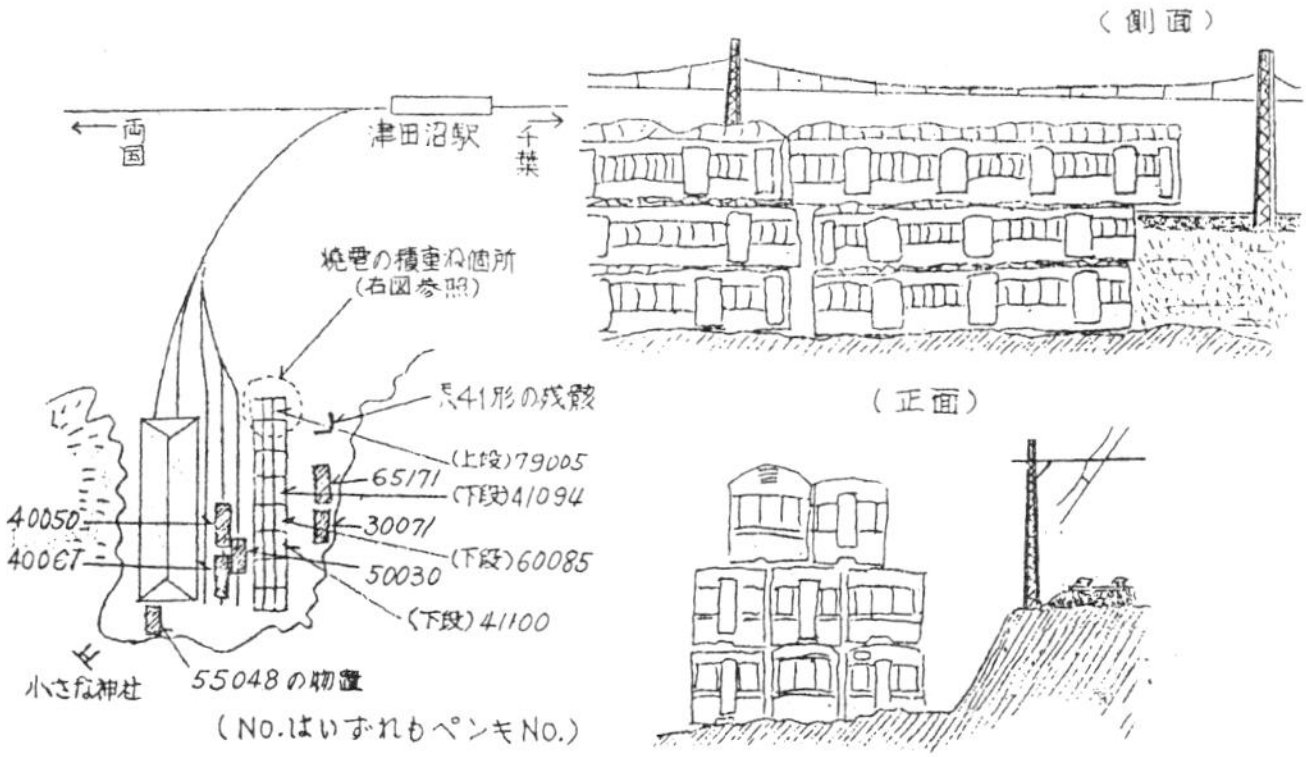

〔久里浜駅構内〕

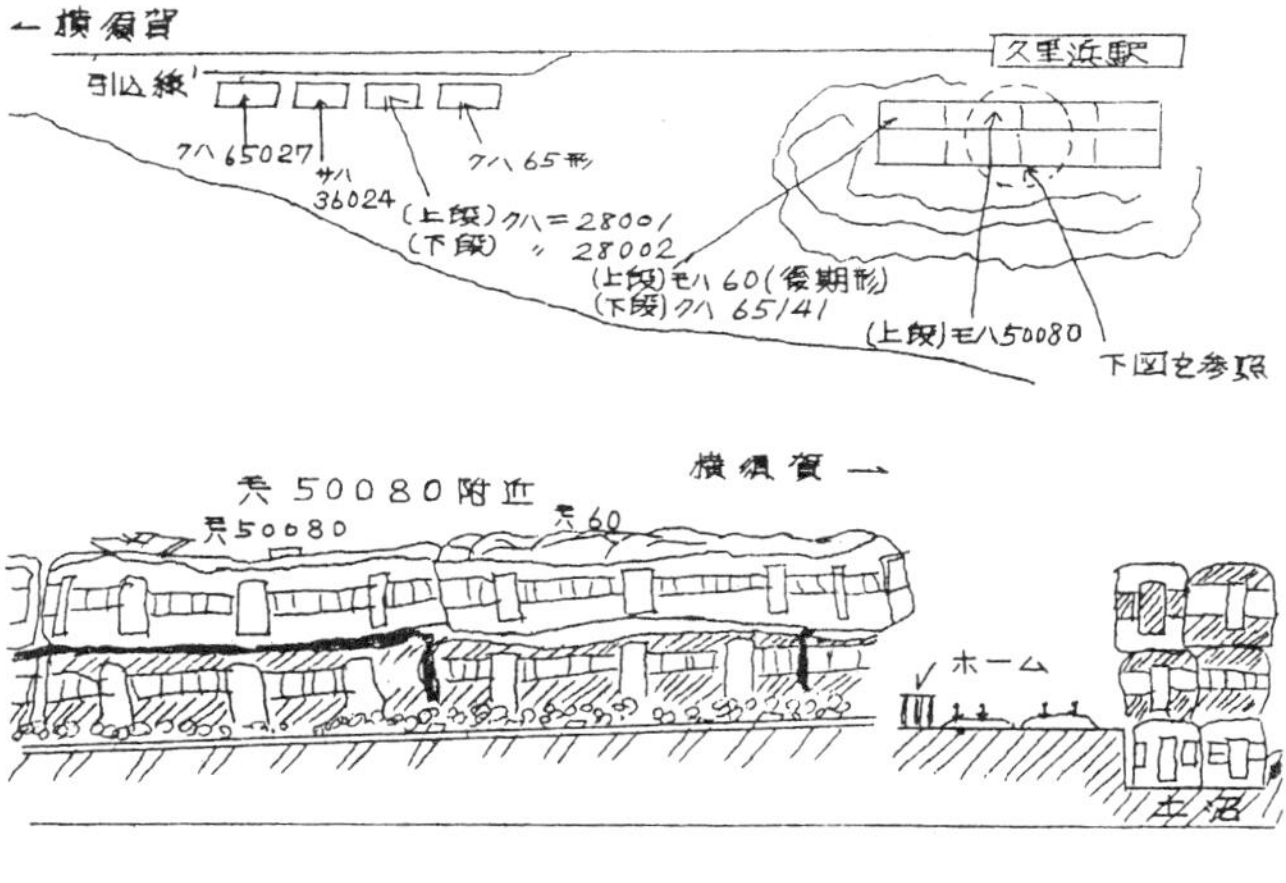

…と伏せた瞬間、身が震え起き上がれなかった。

男性は伏せたままだったので、慌てて小学校へ飛び込んだ。航空機が去って男性を探したら、虫けらのごとく命を落としていた。この恐ろしい経験が脳裏に焼き付いており、今でも子供たちに話すことがある。

皆、それぞれの空間で難局を乗り越え、平和の今があるのだが、貧乏国が世界の4大国と戦争したのだから、結局消耗戦にひきずり込まれ、科学で遅れをとり、原子爆弾で終戦を迎えるまでに至った。精神論では弾丸に勝てるはずはなく、昼間は産業戦士として働き、夕に菜園を作り、夜は警報で目をはらせ、結局は家を焼かれて再建は自分持ち。そこへ敗戦のショックは大きかった。

空襲のさなか、生きるか死ぬかの毎日だった。ただ昭和20年8月15日、終戦の詔勅の玉音放送（と当時は言った）のその瞬間も、電車も汽車も走っていたという事実は作家の宮脇俊三氏も言っておられる通り。

当時を生きた人間にとっては、奇異とも感じられるほど健気なことだったと思う。とにかくその日は空襲はなく、比較的平静に電車は動いていたのを記憶している。

ここで鉄道、特に電車区の被害を挙げると次のとおり。

昭和20年
〔関東〕
3月10日　東京（城東地区）
4月13日　山手地区　池袋電車区
4月15日　大田区　蒲田・矢向・弁天橋電車区
5月24日　山手地区　田町・品川電車区
5月29日　横浜臨港　東神奈川電車区
8月1日　鶴見地区　弁天橋電車区
〔関西〕
6月1日　大阪地区　淀川電車区
6月7日　大阪地区　淀川電車区
6月26日　大阪地区（西九条周辺）宮原電車区
7月6日　明石地区　明石電車区
〔地方〕
7月14日　函館　函館港

7月24日　浜松地区　浜松機関区
7月26日　岡山地区　岡山機関区
8月1日　富山地区　富山機関区
8月5日　宇部地区　宇部電車区
8月6日　広島地区　横川電車区《原爆》
8月9日　長崎地区　(市内)《原爆》
8月10日　盛岡地区　盛岡機関区

車両の擬装について

空襲による列車の被害を少しでも防ごうという考えで、機関車や客車に戦車の迷彩のような擬装が施された。昭和20年（1945）5月のC57144が最初のようで、同年7月20日頃から他の車種にも及んでいる。

かつての真鋳色に輝く形式の入ったナンバープレートはとっくに外され、ナンバーは小さくペンキで書かれていた。黒くくすんだ車体に施された迷彩はまことに異様な感じがしたものだった。不思議なことに電車、貨車には迷彩したものはなかった。こんな迷彩がどれほど役に立ったのだろうか？

塗装のパターンは白ペンキの斜線（A）、白ペンキに斑点（B）、黄色粘土に斑点（C）の3タイプ。擬装車が出回ってまもなく終戦になったから、その効果のほどはわからない。当時の車両は大部分が黒か茶色だったから、あえて擬装するほどのこともなかったのではと思われる。擬装は幅1・5メートルの斜線（白ペンキ）だった。電車は1両もなし。

C57
- A　白ペンキ　斜
- B　白ペンキ　斑点
- C　黄色粘土　斑点

客車
- 木製　B・C
- 鋼製　B・C
- 鋼製　B・C　黄色の縦縞あり

SL　約80パーセント

DL　約20パーセント

終戦の直前に出現した擬装を施したED542。その効果を満足に確認できないまま、終戦を迎えた。所蔵：長谷川弘和

EL　8月上旬から（東海道・中央線）　B・C
　東海道　EF50・53・57、ED42
　　EF56全部
　中央　B　50パーセント

戦後の混乱

昭和20年（1945）8月28日、米軍が先遣部隊として神奈川県厚木に到着した。8月30日には、マッカーサー元帥が厚木へ飛行機で降り立ち、9月2日、戦艦ミズーリ艦上で降伏文書調印。9月5～10日は進駐軍の移動のため「明日は省電に乗れぬ」と新聞発表があった。三多摩地区へは一斉通行禁止、いくらかの運転中止線は中央・横浜・青梅・五日市・南武・八高の各線であった。その後、天皇がマッカーサー元帥をGHQに訪問され

たのは9月27日のことである。

敗戦による復員者の帰国、疎開者の都市復帰は食料不足によるヤミ市（配給制下での違法販売）の繁盛、買出し部隊の進出となって、大都市周辺の輸送はたちまち崩壊寸前に追い込まれた。加えて石炭不足も重なり、戦争中よりもむしろ戦後のほうがかえって「交通戦争」という皮肉な現象が起こるようになった。

●終戦直後の混乱

鉄道省は戦時中の昭和18年（1943）11月、運輸通信省（車両にこの銘版なし）に改編、さらに昭和20年5月、運輸省で暗黒時代を乗り切り、昭和24年6月には日本国有鉄道に改編した。9月15日、全国時刻改正で特急「へいわ」が復活、営業局長は「国民の足の使命を増すために企画し、走らせ、国鉄の力を一歩前進させ、国民生活を明るくすることになった」とコメント。いよいよ「戦後は終わった」の感を深くし、この頃には湘南電車計画が新聞を賑わせ、私たちもその期待に胸を膨らませていたのである。

こうした戦後の流れのなかで、自分の家族に対して「絶対にヤミ食料を手にしてはいけない」と伝えた清貧な一裁判官が、栄養失調で亡くなったのは有名な事実である。

この頃、堀木鉄道総局長官は、交通機関での毎日の「戦死者」は20～30人、いちばん多い日は

車両の整備が追いつかず、ドアを開けたまま走る電車。中央のドアはガラスなし、右側のドアはガラス部分がすべて板張り。撮影：浦原利穂

1日300人もあったと発表した。これからは交通戦争にならぬように努力するとコメントされた。

昭和20年（1945）後半から同22年にかけては、全国的に明るい材料は全くなく、ただただ人々は生き残るのに精いっぱい、鉄道もインフレで約3年間に運賃改訂を5回も行なう始末。「黒いダイヤ」と称された石炭の出炭状況で深刻な影響を蒙ったのは、何と言っても鉄道であった。

昭和22年の1月から4月までの3カ月間は、特急はもちろん急行の姿も全く消え、1月4日の第4次列車大削減によって列車の本数は、明治27年（1894）当時の姿となったのは驚きであった。

この頃は省線であれ社線であれ、どちらもほとんどが同じ状態で、車両の窓ガラスはなく板張り、座席はなく車内は立つものと化していた。部品の盗用（モケットは靴磨き用、吊輪は手提げ用）は当たり前、見切り発車、車外乗車黙認で、電気機関

電気機関車のデッキまで超満員の東海道本線上り列車。後部デッキへの乗車は首都圏でも昭和50年頃まで見られた。撮影：浦原利穂

車の前デッキ乗り込みも当然の状況で、客車の屋根まで乗客でいっぱいだった。客車不足で幹線は有蓋貨車、ローカル線は無蓋貨車を代用し、雨が降れば傘をさして乗る有様。

いちばんよく見られた光景は、窓からの乗り降りであった。言うなれば「窓は変じて昇降口」。若者は身軽に勇気と力を出して、ひらりと窓から飛び込みセーフ、常に被害者は老人と子供たちだけ。

そしていちばん困ったのは数少ない夜行列車。夜行だからさすがに車外乗車はゼロだが、車内は通路にしゃがみ込み、4人席は6人席に変化し、座席の下と間に3人、果てはアミ棚にまで寝ている有様。また、座っていようと立っていようと一番参ったのは便所であった。男女とも窓を開け、外に向けて用を足すのは当たり前の姿で、ともかく恥ずかしいも何もない状態であった。

この余波は、夏の昼行列車でも蒙った。ある有名な作家の道中記に、「夏の中央線の昼行列車で窓から山を見ていたら雨が降ってくる。雨天ではないし、おかしいと思ったら、皆小便のしぶきだった」と書かれていた。当時は駅弁など売っていなかったからよかったの一言。

従って、戦後の列車使用状況は凄まじいの一語に尽きる。切符が買えない戦前のほうが静かな乗り降りであったが、その代わり長距離旅行はまず切符が手に入らなくて参った。

戦後の鉄道の制度は、全くの朝令暮改。切符の購入方法の変更で、買えてもすぐに使えない乗車券、買っても使えない学生定期・回数券、乗越し制度の中止などなど。復活してもすぐに規制を繰り返すさまは、まさに百鬼夜行であった。特に参ったのは長距離旅行の場合で、切符の申込みから購入まで、ひどい時は午前8時から窓口に並び（これでも買えなければ再度挑戦するしかなく）、子供連れであっても3人までしか切符が買えない時期もあった。制度改正を聞き出し黙ってラインに乗るしか、買える道はなかった。

こうした変動が落ち着いたのは、車両面では昭和23年4月の復興整備車が出た以降、特急・急行では同24年9月の「へいわ」の復活から、あるいは同25年3月湘南電車の登場からが目安になろう。

このような鉄道事情の猫の目変化は、文章よりも年代事象としてまとめたほうが早くご理解いただけると思いつき、次のように並べてご参考に供する。

○昭和20年（１９４５）

・10月１日　改正

（A）列車区間の乗越しは不可（昭和21年６月１日自由に）

（B）省電区間の乗越し承認（昭和19年４月の乗越し禁止は廃止）

（C）都内均一回数券発売。ただし途中下車禁止

（D）東京〜横浜往復乗車券（軟券）外人用と日本人用を発売、昭和21年から外人用のみに変更

・10月20日　長距離増発

・10月25日　乗車券購入は先着順を発表

（A）前日申告制・指定制は廃止

（B）９時から発売、２日間有効

（C）団体は割当て制

（D）列車区間は28駅と東京・上野・新宿の旅行事務所で発売

（E）列車指定制（東海道・中央線）は廃止

・11月　満員電車について当局のコメント

（A）先月の満員電車では犠牲者は31人（毎日1人）

（B）発生多発線区は山手線

（C）11月29日の内情（26歳の母〈0歳児と2歳児連れ〉、新宿から目黒までの間に0歳児圧死、母は過失致死罪。東京地検では鉄道当局に問題提起、しかし罪は罪）は誠に遺憾である

（D）11月23日、中央線御茶ノ水駅で反対側扉が外れ、３人が転落負傷

・12月1日　定期券２キロ以内不売を発売に
ただし、１００キロ以内の制限は今までどおり。兵、公務割引廃止

・12月10日　学生定期の列車区間の使用は1月31日まで停止、定期券は駅に預け、後期間延長とする。その間、普通定期は不売

・12月15日　急行・長距離列車削減

昭和20年12月廃止の（兵）乗車券（上）と、
昭和22年の［特］乗車券

乗車券は５割削減、往復は不売
定期券での荷物持込みは禁止
・12月16日　東鉄電車区間、朝夕（7時30分〜8時30分・16時〜17時30分）の普通乗車券発売停止
・12月19日　東京付近幹線（東海道・中央・上信越・常磐線で10本）、夜行列車に指定証
・12月21日　石炭事情で列車大削減
普通乗車券発売停止、21キロ以上は前日申告制
普通定期券発売制限、日曜・休日の本数は２分の１

○昭和21年（1946）
・1月4日　公職追放
・1月21日　札鉄、安易な旅行の制限で定期券登録制実施
・2月1日　名鉄、安易な旅行の制限で定期券登録制実施
・2月　米憲兵司令部通達で車外乗車厳禁
・3月1日　運賃改正、最低10銭→20銭
普通定期券は登録制

・3月11日　新聞記事には「病み疲れた省電の病院、府中刑務所でもどしどし修繕が行なわれている」と写真入りで報じられていて、受刑者も一役買っていることが判った。私はたまたま昭和21年5月22日、司法研修で府中刑務所の実態勉強に行った折、前庭一隅で省電木製車のみ5両（クハ15形1両、サハ25形4両）の修繕状況を見られたのだが、汗を流して都民が利用する車両修繕を見て感激
・4月25日　東鉄長距離列車は30駅のみ発売
・5月12日　米よこせ運動でデモ隊宮城の中へ
・5月19日　食料メーデー
・6月1日　列車区間乗越し自由となる
・6月4日　中央線東中野付近で扉が壊れ、乗客が神田川に転落、人数不明
※当局の発表／扉損傷で休車する訳には参らぬ。今のところ馬栓棒《ませんぼう》車は62両あり、早急に対処する。これが引き金で木製ドアからプレスドアに（馬栓棒とは牛馬の貨車同様、真ん中横を板で塞いだだけ、乗降は潜って行なう）。
・7月15日　警官のサーベル廃止
・8月1日　東海道線列車2本川崎停車

・8月17日　殺人列車は何時まで続くのか
　※当局の回答／現在休車158両、要修理車90両、年内に回復させたい。
・9月1日　急行券が買えれば乗車券は同時に発売する
・10月　北海道炭鉱ストで鉄道は6割減
・11月10日　全国的列車大削減
　石炭不足で全国的に運休続出44本
　急行のほか、準急を初めて新設（3等5円、2等15円）。9時30分より6駅の交通公社で発売
・12月20日　全国改訂（第2回）
　石炭不足と雪害（60年ぶりの大雪）
・12月26日　全国改訂（第3回）長距離対象
○昭和22年（1947）
・1月4日　全国改訂（第4回）石炭不足
　急行全廃、2等車廃止、列車の中間駅通過、乗車制限80パーセント
・3月1日　運賃値上げ、2等車復活、通勤時間帯乗車許可の乗車券には特㊕を押印、全国で

入場券駅ごとの発売許可制に（従来小駅では通行のための発売あり）

・4月10日　長距離列車の前日発売復活。検札を強化、㊋割引使用等の不正が多い。不正乗車の追徴金は10倍

・4月15日　途中下車制度改正。200キロ以内は禁止、201キロ以上は1回

・5月1日　仙台鉄道局で婦人子供専用車（仙台～白河間と仙台～上野間）126レに2両組込み、車内には私服警官が1名乗務し、トラブルに対応

・5月20日　101キロ以上乗車に旅行票復活（乗車券番号記入㊙印）を押す

・6月　乗車券（省社連絡券を含む）の省エネ使用、いうなれば規定寸法（B形）乗車券を左右に同じ様式の印刷（いろ表示）で長距離乗車券も同様、さすがに急行券・座席券等の使用は見たことがない

・7月3日　回数券は進駐軍用と通院用のみ発売

・7月7日　運賃改正、3・5倍の値上げ

・8月1日　2等の往復を発売

・8月24日　東鉄「白帯車」に「2」字入れ。日本人が乗車する時は「注意書」を車掌が手渡す

○昭和23年（1948）

・1月8日　全国改訂（第5回）雪害による
・5月2日　サマータイム採用
・6月　6月中の事故多発で当局発表。6月4日、御茶ノ水駅で満員4両目扉が外れ、中大予科1年の小田さんほか数名16メートル下の川中へ転落。6月15日、横浜市生麦で桜木町行き満員電車の扉が外れ転落し2人死亡。6月18日、常磐線三河島駅付近のモーター発火で窓から飛び降りた3名が重体。他に都電本所緑町3丁目で後部扉（ドア）が開き女子2名転落、うち1名死亡と扉事故が多かった
・7月18日　運賃改正（2・55倍）
・7月28日　外食券食堂値上げ、A定9円50銭→10円、B定15円50銭→20円に
・9月16日　アイオン台風被害大
・11月1日　入場券全国発売復活
・11月12日　東海道線に1等寝台、11月25日東北線にも1等寝台復活。1等寝台は外国人貿易者、代理店（含む日本人）、外国人観光客、外国人教師に限る
・12月25日　東京に78人乗りトレーラーバスがお目見え、ほかにナイロン靴下発売される
○昭和24年（1949）

・1月10日　官庁8時間労働となり鉄道ラッシュ時間帯変更
・2月18日　都市転入抑制を廃止
・4月5日　上野～日光間に準急「青葉」復活。運賃220円、準急行料金50円
・4月16日　中山競馬開催で精算復路乗車券を発売（5月8日まで）
・5月1日　運賃値上げ
・5月23日　GHQ1ドル360円設定
・6月1日　日本国有鉄道発足
・9月15日　特別急行「へいわ」登場、食堂車復活。当時の国鉄営業局長談「特急の復活は国鉄の力を一歩前進させたもので、国民生活を明るくし国民の足の使命を増強するものである」そのため、同列車は東京～大阪間を9時間で結び、表定速度は61・5キロ。営業運転に先立ち、9月8・9に有料試運転を行ない、3等150名、2等100名が乗車。展望車は人の波で賑わっていたとのこと。

復興の象徴として運転を開始した特急「へいわ」。東京駅6番ホームにて昭和24年12月31日撮影。〔セミパール（F4.5）、絞り8　1／15秒、フジネオパン〕。撮影：寺田貞夫

白帯車の功罪

白帯車とは、戦後の連合軍将兵とその家族を鉄道に乗せる専用車で、車体に白帯（東京では細帯→太帯に変更、他地区では細帯のまま）を巻き、他と区別した車両を言う。

実はこの白帯車であるが、戦前の等級別では1等が白帯、2等が青帯、3等が赤帯で、帯の色を塗るための価格としていちばん安いのが白ペンキであった。このことは別として今でも判らないのは、専用車をこの白帯に決めたのは米軍だったのか、鉄道省側のアドバイスなのか不明なことだ。判れば面白い物語でも出来るのではないかと思っている。

連合軍は横浜に第3鉄道輸送司令部を置き、鉄道はその管理下に置かれた。連合軍輸送を優先させるため、その指令が司令部から続々と発せられ、その出先機関がＲＴＯ（連合軍鉄道運輸指令事務所）であった。

東京近郊の状況を見るに、昭和20年（１９４５）10月、京浜線では6両編成のうち1両を軍用に取られ、この車両には貼紙で専用利用を示し、車掌を乗務させていた。戦後の混雑ではその1両が問題になり、日本人とトラブルが続出。昭和21年1月15日から専用の白帯車（ＭＣ細帯）12両を運行させ、後にＡＦＳセクションにした。

この白帯車に昭和23年8月から日本人も乗せるようになったが、各駅1時間1枚の割当てだったので、あまり利用価値はなかった。

●**専用白帯車の線区別運転開始**

京浜線　昭和21年1月15日から　ＭＣ↓ＭＳ↓ＡＳ↓ＡＦＳ
山手線　昭和21年3月5日から　ＭＳ↓ＡＳ↓ＡＦＳ
総武線　昭和21年3月5日から　ＭＳ↓ＡＳ↓ＡＦＳ
青梅線　昭和21年4月から　ＡＦＳ
横須賀線　昭和21年9月23日から　ＡＳ↓ＡＦＣ

白帯を巻いた連合軍専用車。ALLIED FORCES CARという標記は少なかった。クロハ69001。昭和25年3月、田町電車区

MC＝MILITARY CAR　細帯
MS＝MILITARY SECTION　細帯
AS＝US ARMY SECTION　太帯
AFS＝ALLIED FORCES SECTION　太帯

昭和24年（1949）9月、最後まで残った山手・中央線8両で白帯＋青帯という珍車が生まれた。この車両は車内の中央を仕切り壁でなく縄で区切っており、その様子は、まさに入口は別でなかは混浴のひなびた温泉さながらに、車掌がお客を振り分けていた。

その時の連合軍用乗車券は大型で、地紋が黄色で(進)の表示、日本人用は小型で地紋が青色で判別出来る仕組みになっていた。というのは連合軍用はすべて座席定員、大勢乗ってくれれば日本人は追

〈進〉の表示が入った連合軍用乗車券（下）と、連合軍用の時刻表。この時刻表は一般には出回らず、知られざる存在だった

Tōkyō and Yokohama to Kyōto, K

Kms.	Table A For complete schedules, see table 1. 3 and 82	AT Dixie Limited No. 1001	AT Allied Limited No. 1005	AT BCOF Train No. 1015			★N Cor Sta
0.0	Tōkyō ……ⓇⓅLv	0930	1940	1200 Sat	…	…	Coa
28.8	Yokohama …ⓇⓅ ‘‘	1010	2025	1235 ‘‘	…	…	
46.5	Ofuna ……Ⓡ ‘‘	1029	2044	↓ ‘‘	…	…	Din
104.6	Atami ……ⓇⓅ ‘‘	↓	↓	1402 ‘‘	…	…	Bag
126.2	Numazu ……ⓇⓅ ‘‘	1153	2207	1435 ‘‘	…	…	
180.2	Shizuoka ……Ⓡ ‘‘	1248	2301	1529 ‘‘	…	…	★N
257.1	Hamamatsu ……Ⓟ ‘‘	1407	0024	1652 ‘‘	…	…	
286.7	Futagawa …… ‘‘	↓	0057	↓ ‘‘	…	…	Cor
310.6	Gamagori ……Ⓡ ‘‘	1506	0124	↓ ‘‘	…	…	
325.9	Okazaki ……Ⓟ ‘‘	↓	↓	1807 ‘‘	…	…	Sta
366.0	Nagoya ……ⓇⓅAr	1607	0222	1847 ‘‘	…	…	
366.0	Nagoya ……Lv	1617	0232	1857 ‘‘	…	…	
396.3	Gifu ……ⓇⓅ ‘‘	1651	0303	↓ ‘‘	…	…	
445.9	Maibara ……Ⓟ ‘‘	1810	0436	2057 ‘‘	…	…	Co.
503.6	Ōtsu ……Ⓡ ‘‘	1912	0536	2155 ‘‘	…	…	Di
513.6	Kyōto ……ⓇⓅAr	1925	0550	2209 ‘‘	…	…	Ba

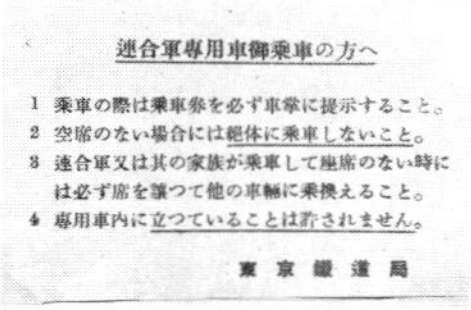
連合軍専用車御乗車の方へ

1 乗車の際は乗車券を必ず車掌に提示すること。
2 空席のない場合には絶体に乗車しないこと。
3 連合軍又は其の家族が乗車して座席のない時には必ず席を譲つて他の車輛に乗換えること。
4 専用車内に立つていることは許されません。

東京鐵道局

日本人乗車可能になったため、利用客に手渡した注意書

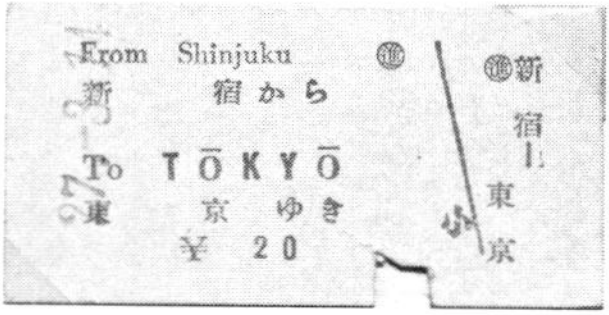

旧１等と同色の㊎乗車券。これは白帯車最終日の昭和27年３月14日に記念に乗車した時のもの

い出される。そんな情けない姿をよく見かけたものである。

こうした取扱い手引は、連合軍旅客運送手続きとして扱われ、最終は昭和25年6月22日通達306号であった。

●専用白帯車の運転線区は次のとおり

〈地区〉	〈省線〉	〈社線〉
東京地区	11線区	8社
京都地区	3線区	6社
名古屋地区	―	1社
仙台地区	1線区	1社
札幌地区	2線区	1社
呉地区	1線区	―
九州地区	2線区	1社

社線名→富士山麓・小田急・相模・東急・京急・西武・東武（東上線）・箱根登山
京阪神・近鉄・奈良・南海・江若・名古屋・定山渓・西鉄

連合軍専用となった客車。形式も変更され、窓下には１両ごとに異なる愛称（地名などに由来する）が書き込まれた。撮影：浦原利穂

また、客車には白帯（細帯）のほか、車号および軍番号と軍名称を付けた。この軍番号は4桁の数字で、軍名称は米国の主な都市名であった。

電車は軍番号・軍名称を付けなかったが、一般車は混雑がいっこうに減らないにもかかわらず、SECTIONの白帯車は窓ガラス入りで扉も昔通り、シート完備で建付けは感じの良い淡青色、そして混雑どころかガラガラの有様。一方、日本人用の半室部分は窓は板張り、扉は小さな丸窓で、車内は混雑対応のままで敗戦の惨めさを思い知らされた。

電車の白帯車は東鉄管内だけで112両の多きに達し、客車の白帯車は全国的に約900両にのぼった。この時代の国民は金より物の時代で、みなインフレで泣いた。

こうした一連の進駐軍専用車のなかで、ただ1両妙な車両をキャッチした。これは立川発着に多く使われていた客車のスハニ３２６１（東ヲク）で、ウインドシルより下を真っ白に塗っていたが何に使われたのかいまだに不明で、当時の状況からして写真は残念ながら撮らせてもらえなかった。

以上は白帯車の「罪」のほうであるが、これら進駐軍車両の整備にあたって全国の鉄道工場は互いに出来栄えを競い合い、腕を磨いた。これが先達となって昭和24年からの国鉄復興が急速に進んだといえるだろう。皮肉にも、白帯車の「功」の部分だと思っている。

●復興整備電車

これは昭和23年4月15日から中央線に初めて出たもので、大部分は編成のトップ車両前面上部に「㊫㊗」とか「努力」というマークを付け、戦後の復興をアピールし、省電の今後の歩みをPRした。

乗ってみると、窓は完全ガラス入り、扉は戦前並み、車内は完全モケット付き座席で、建付けも昔懐かしいニスの香がして感心したものである。

昭和23年（1948）になると車両の整備も進み、編成の先頭車に「整備電車」などの文字を入れてアピールした。写真上は努力電車、モハ63564、昭和24年２月の山手線。下は整備電車、モハ63217、昭和23年の中央線の編成

●模範電車などの一覧

〈線区〉	〈区名〉	〈PRマーク〉	〈本数〉
中央線	三鷹	模範・整備	5本
		復興整備	
中央線	中野	整備	2本
山手線	池袋	整備	2本
山手線	品川	努力（丸マーク）	1本
京浜線	東神奈川	横電	1本
京浜線	蒲田	整備	1本
総武線	津田沼	模範	1本
横須賀線	田町	[特]	1本
常磐線	松戸	模範	1本
青梅線	青梅	復興整備	2本

※ほかに飯田線・宇部線にも出ている。

昭和28年の車両称号規程改正で移行時には旧車号に下線を引いた新旧二重標記が出現した。昭和28年5月、田町電車区

昭和28年の形式変更

国電の歴史は、明治39年（1906）8月31日法律第17号により鉄道国有法が制定され、同年10月1日、甲武鉄道を引き継いだ時に始まる。買収した甲武鉄道は、当時、御茶ノ水〜中野間に4輪電車を運転していた。

その後、明治42年の山手線電化により電車運転が開始され、大正15年（1926）、初めての半鋼製電車の誕生により現在に至っている。

車両の形式称号については、明治44年、大正2年、同3年（2回）、同6年と改正を経て、昭和3年（1928）5月の画期的な改正で「デ」は「モ」に変わると同時に、従来客車のなかで限られた番号をもらっていたのが全く独立した新方式にまとめたものとなったのである。いわゆる鉄道ファンが使うようになった○○系にまとめられた、大改正の形式称号なのである。

昭和23年4月には特別措置があり、電動車や制御車に電動機や運転機器のないまま営業に出さざるを得ないもの（未電装車）を車両管理上、車側ナンバーの上に小さく「ク」「サ」を冠する改正を制定した。

これは昭和34年の改正で制定したクモハとはまるっきり性格が異なるもので、誤解を招きやすいため注意を要する。

●昭和28年4月8日達第225号の改正

湘南電車以後の新性能電車の出現に対処するための、形式の流通を目的とした暫定的な改正である。木製電車の淘汰により空形式が出たことに着目、買収車と事業用車を1000〜9000に、標準設計車を10〜99形式に押し込めるためのもので、これにより○○系の分類方式は大幅に崩れてしまった。

この改正に際し、営業用の木製車は社型しかないため、木製・鋼製を問わず事業用車とともに雑型形式に押し込めたもので、特徴は、事業用車は従来「ヤ」のみであったが、救援車「エ」、配給車「ル」の記号を採った。このため、クエ・サエ・モルなどの新記号が誕生している。

昭和28年の改正では職用車に含まれていた配給車に「ル」の記号が充てられた。写真はクモル24+クル29

改正実施に当たり、全車両の半数に近い数に及ぶ大改正であるため、4月から新旧車両番号を併記するという手の込んだ手法を取り、改造車等では2月に新番号のみの標記での工場出場（30形）もあった。

●その後の改正は？

昭和34年（1959）5月30日達第237号、昭和39年2月10日達第40号があり、現在に及んでいる。昭和34年改正では中間電動車はモハを、運転台のあるものはクモハとし、画期的ともいえる新形式の3桁数字標記へ移行していったが、新旧番号の併記はなかった。この改正が、101系に始まる新系列電車の形式規程となっており、これはJR移行後の今日もJRグループ各社（JR四国を除く）の基本として受け継がれている。昭和39年の改正は、同年10月の開業を控えた新幹線車両に関する称号改正である。このほか、昭和35

年6月1日に1等を廃止、2等級制となったため、従来の2等は1等、3等は2等と改めている。またこの2等級制も、昭和44年5月10日、モノクラス制に移行し、1等はグリーン車と改称、1等寝台はA寝台、2等寝台はB寝台となっている。

こうした28年と34年の重要な改正案について、有り難いことに省から鉄道友の会に対して「お互いの試案」を出し合った検討会の提案があった。結果を言えば、さすがに国鉄側の案は整然たる理論構成に立っていて、訂正はわずかであった。

おわりに　～保存された省電～

今は大宮に引っ越しているが、戦前の鉄道博物館といえば神田。私たちオールドファンにとっては何回となく訪れた懐かしい館であり、鉄道友の会発祥の地でもある。ここを本拠地とした鉄道友の会の会員は、こと車両の保存となると大喜びでその方法を考え、協力したものだ。私もそのひとりで、これでも老骨ながら何かお役に立ちたい思いで昨今5例ばかり保存に携わってきた。

●モハ52形流電について

52001は狭窓型、52004は広窓型。どちらも世紀の車両だから、できれば2両とも保存したい。52001は吹田工場での希望もあり、復元開始の際、車内問題、通風器探しとか大変な骨折りで工場に定置できた。52004は大船工場に運ばれ、解体の斧が入ったところで危うくセーフ。鉄道友の会の要望と国鉄本社の最大のご理解により、保管場探しにまでたどり着いた。

探し求めた結果、最後の活躍場所に近い日本車輌製造豊川工場に白羽の矢が立ち、どうやらお預かり（展示場ではない）いただけた。ここまでのやりとりでは、川崎車輌が製作した車両の保管をなぜうちがやらなければならないのだとの反対もあったようだ。これはその通りかもしれな

流電のトップナンバーであるモハ52001は新製時の姿に復元され、ＪＲ西日本の吹田工場に保存されている

い。その後、無事JR東海に引き取られ、中部天竜のレールパークに保存展示され、さらに短期間に昭和12年（1937）当時の姿に戻されたものだ。

いちばん困ったのは通風器と天井配置、それに非常灯の有無で、通風器は吹田工場での復元の際も相談があったので、ダブルルーフの客車のもの2個の抱き合わせ流用（寸法が少し違う）をアドバイスし、同方法をとった。ただし、廃車体探しで大分ご苦労されたはず。その後、平成23年（2011）開館のJR東海リニア・鉄道館に展示されるに至り、めでたしめでたしとなった。

●ナデ6141の復元

ナデ6110形という大正初期の車両2両が目《め》蒲《かま》電鉄を経て鶴見臨港鉄道に譲渡され、昭和5年（1930）、モハ1141・1142として活躍していた。これが昭和18年7月、鉄道省に買収され、そのうちモハで残った142が昭和25年7月、日立電鉄に払い下げられ、集電装置をポール→ビューゲル→パンタグラフと変えて昭和39年12月、事業用デワ101として残っていた。

大井工場では自社製木製車が日立電鉄にいることを知り、国鉄100年事業の一環として引き取り、復元保存への道を考え始めた。たまたま同社社長に国鉄から北畠氏が就任されたのを機に、トレード話はとんとんと進み、昭和47年3月26日に夜間陸送で翌27日に大井工場着。この車両は3度国鉄に戻るという珍しい記録を作った。

復元は昭和47年8月から田辺技師の采配で順調に進み、未完成ながら10月14日には鉄道記念物の指定を受け、翌48年10月12日に完成、除幕式が行なわれた。当日は国鉄本社の石井工作局長の挨拶と北畠社長の出席、牧野喜太郎氏（元・新橋工場勤務）によるテープカットが行なわれ、車両工場出入口横に定置された。

その後、昭和62年8月1日、動態保存使用するため、一方のみパンタグラフに変更。お披露目で一般の方々を乗せ、工場内を走った。現在は、大宮の鉄道博物館に展示され、前後とも昔通りのポールが付いた姿である。

ダブルポールの院電スタイルに復元されたナデ6141。復元当初は大井工場（現在の東京総合車両センター）に置かれ、現在は大宮の鉄道博物館に展示されている。昭和49年２月

●ナデ復元余聞

大井工場では、この車両の復元は大分前から考えていたようで、私も現場サイドとして部品選定・確保では担当の方と一緒に行動を共にした。しかし、現車がない以上、早期確保した部品の工場内保管は問題があるとして、田辺技師と私の家に確保せざるを得なかった。

いちばん苦労したのはポール探し。街工場で作ってくれるところはなく、結局は三島・名古屋・岐阜にまで足を延ばして電鉄を訪ねて歩いたが、倉庫には皆無であった。ところが意外なことに、お膝元の玉電（東急玉川線）の倉庫で４本見つかりホッとした。置き場は田辺氏の倉庫に２本、残り２本は私の家の裏庭に油紙に包み保管したが、意外に長さがあり難儀した覚えがある。

大井川鐵道千頭駅構内で展示場代わりに使用されていた昭和52年のモハ1035。その後モハ1形に復元してリニア・鉄道館に展示されている

●モハ1035復元

鉄道省時代、中央線で使われていたモハ1形が大井川鐵道で廃車になり、展示場代わりに使われていることを知り、平成6年（1994）にこれを引き取り復元し、将来の博物館展示物に加える遠大な計画を立てた。早速、平成8年9月、復元に伴う打合せをいただき、特に車内の模様（助手側仕切り板の窓、車内灯など）が検討された。

また、床下各部の傷みなどを検討した結果、復旧の最難関が外板（短冊板）にあることがわかり、これには京都・岐阜在の宮大工の総力を結集して対処、見事な外装に仕上げた。

そして平成23年3月14日開館のリニア・鉄道館に展示されるに至った。これはひとえにJR東海のご努力の結晶といえるであろう。最終的に扉の

リニア・鉄道館に展示されているモハ63。クモヤ90からよくここまで復元できたと思う。撮影：鉄道ダイヤ情報編集部

ラッチ取り付け、車内灯など大変なご苦労があったと思っている。

●63形（63638）の復元

実は、鉄道友の会では「戦争の落とし子」を残そうと駆けずり回り、長野運転所のクモヤ90021を63形復元の種車として新津車両所に保管していただいたのであるが、平成8年（1996）の収容線の改良から置き場所に困り、なんと解体されてしまったのである。これを知ったのは解体後であった。

続いては、JR東海で、大垣区の90005（平成6年廃車）が63形復元材料として保管された。恐らくリニア鉄道館の副館長が大垣区におられたことが関連しているのではないかと思っている。思いもよらない有り難いお話だが、JR電車の歴史の上でその価値は高いであろう。

このクモハ６３６３８という電車は、戦争の落とし子として８００両余り製作されたものの１両である。２章の98ページでも述べたが、当時、鉄道友の会国電部会が中心で１両１両調査にあたったが、多くの方は食傷して結局最後まで調査し得たのは２人だけ。その出来高は80パーセント。６３６３８のデータはあいにくブランク、前後のタイプを類推し結論を出すしか方法はなかった。

東京・大阪の通勤線区で何回となく延命措置（更新修繕）を繰り返したわりあいに旅客用からの退陣は早く、あっという間に閑散線区行き。ついに事業用として３両残ったうちの１両がＪＲ東海の９０００５であった。

カマボコ然とした戦時型のあまりにもひどい姿と、車内の鳥小屋同然の姿には唖然とされる方も多かろうが、ぜひ国の重要文化財同様の姿を見守っていただきたい。

●院電単車保存の話

（ａ）単車発見

甲武鉄道飯田町〜中野間での電車運転の始まりは明治37年（１９０４）であった。１００年以上前に使われた単車がいまだに残っているのは全く奇跡としか言いようがない。お若い方々には

院電の始祖は松本電気鉄道(現在のアルピコ交通)にハニフ1として保管されていた。写真は平成19年に鉄道博物館へ搬入のため、クレーンで吊り上げられたところ

信じられないだろう。

現在、大宮の鉄道博物館中央広場に鎮座しているが、古い文献でも読まない限り明治時代の車両とは納得できないと思う。

戦前の鉄道趣味会「荻窪会」のメンバーに汽車会社技師であった根本茂氏がおられ、戦局も押し詰まった昭和18年（1943）の会合で、氏から「信州の信濃鉄道から四輪単車2両でボギー車1台を造ってほしいという依頼があった」との報告。この時は、まさか院電単車関連とは誰も考え付かなかった（その時の会員数は15名、出席者13名ほど）。

そして戦後、台車研究の権威である吉雄氏から、この時の話の再検討をいただいた。早速、調査を開始した。

毎年１回、鉄道友の会の行事（虫干しと呼ばれた）で庫外に引出されたハニフ１。昭和53年10月28日開催。右から２人目が小林宇一郎氏

「鉄道趣味」誌発行人の宮松金次郎氏から、鉄道省の昔の形式図は国立の商科大学図書館にあるはず、また私鉄については陸運監督局で調査したら、とのアドバイスをいただく。当時はコピー機もなく、形式図は仙花紙に手書きであった（今も手元に残っているが、黄色くなりボロボロだ）。この調査で、まさに2両の単車が信濃鉄道にいることがわかった。

昭和24年（１９４９）、鉄道友の会長野支部で、長野電鉄勤務の小林宇一郎氏が上京の折、我が家に立ち寄られ、長時間にわたって院電単車の打合せを行なった。その結果、書類まとめは沢柳、現車の調査は現地に近い小林氏にお任せすることとした。

翌25年２月、小林氏の現車調査で単車１両が

ハニフ1として生きていることが判明。同年9月、高松吉太郎氏ほか、有志の方々がハニフ見学に行かれ、友の会を代表して高松氏が松本電鉄・望月鉄道部長に保存方を依頼。昭和27年には国鉄本社から車両課課長の西尾源太郎氏も訪れ、正式に保存・引取り方の打合せを行なった。これらについては『鉄道ピクトリアル』１５０号に「生きている始祖」と題して小林氏が発表されている。

（b）単車の虫干し会

鉄道友の会長野支部の提案で毎年「ハニフの虫干し会」を開催してきたが、最終回は昭和53年10月、友の会国電部会と長野支部合同で実施。その際、私から保存の必要性と履歴顛末を作成したものを柳沢車庫長へ手渡し、国宝級車両の格納のための特別車庫建築が決まった。

その後、平成18年12月、会社側からのご厚意により寄贈されることになり、地域住民との交流の下にハニフ公開、翌19年3月21日には送別会が行なわれ、その後、日通により夜間陸送され、無事大宮へ到着となった。

（c）単車無事に鉄道博物館へ

その後、ＪＲ東日本と（財）東日本鉄道文化財団の手により鉄道博物館入りを果たせたことで、小林氏とともに歩んだ私どもの60年にわたる運動は終わりを告げた。

単車とはいえ、当時の近代的要素を備えた国鉄初の電車は、松本電鉄（現・アルピコ交通）の長年にわたる保存のおかげで鉄道博物館のメイン広場に鎮座できたことは大いなる感激である。

ただし、他の記念物の間に置かれた姿は、明治以来の生地（紫色に変色）のままであり、これからの復元には莫大な費用と日時を要するだろう。ぜひ各社で行なわれた木製車の復元に続き、早急に明治の姿に戻していただければ幸いである。

〔主な参考文献〕
日本国有鉄道百年史（日本国有鉄道）／省線電車史綱要（東鉄電車掛）／鉄道年鑑（交通協力会）／鉄道技術発達史（鉄道電化協会）／鉄道電化と電気鉄道のあゆみ（鉄道電化協会）／大井工場90年誌（日本国有鉄道大井工場）／関西国電50年（鉄道史料保存会）／首都圏線別略史（日本国有鉄道首都圏本部）／国電再入門（電気車研究会）／国鉄電車のあゆみ〔30系から80系まで〕（交友社）／鉄道電化秘史（鉄道界評論社）／鉄道総合年表（中央書院）／戦後の重大事件早見表（朝日新聞社）／あの日、何があったか〔1～3〕（ランダム出版）／流線形列車の時代（NTT出版）／源流を求めて（交通協力会）／東京ゲタ電物語（講談社）／鉄道百年（鉄道図書刊行会）／太平洋の旭日〔上・下〕（改造社）／東京大空襲（朝日新聞社）／鉄道古写真帖（新人物往来社）／鉄道（国際鉄道社）／鉄道趣味（鉄道趣味社）／鉄道ピクトリアル〔各巻〕（電気車研究会）／鉄道友の会半世紀のあゆみ（鉄道友の会）

〔掲載写真の撮影者・所蔵者について〕特記以外は著者撮影・所蔵

沢柳健一（さわやなぎけんいち）
大正13年長野県生まれ。法政大学法科卒業。東京都庁に勤務。昭和初期から省電に興味を持ち、東京はもとより全国に鉄道写真の撮影・調査に出かける。省電から国電の資料も多数収集し研究を続けている。「鉄道友の会」参与。主な著書に『国電再入門』（鉄道図書刊行会）、『国鉄電車車両形式図集』（鉄道図書刊行会）、『決定版　旧型国電車両台帳』（ジェー・アール・アール）、『旧型国電50年Ｉ』（JTB）などがある。

交通新聞社新書042
思い出の省線電車
戦前から戦後の「省電」「国電」
(定価はカバーに表示してあります)

2012年 4月15日　第1刷発行

著　者——沢柳健一
発行人——江頭　誠
発行所——株式会社 交通新聞社
http://www.kotsu.co.jp/
〒102-0083　東京都千代田区麹町6-6
電話　東京(03)5216-3917(編集部)
　　　東京(03)5216-3217(販売部)

印刷・製本—大日本印刷株式会社

ISBN978-4-330-28412-5

読む・知る・楽しむ鉄道の世界。

- 駅弁革命―「東京の駅弁」にかけた料理人・横山勉の挑戦　小林祐一・小林裕子／著
- 鉄道時計ものがたり―いつの時代も鉄道員の〝相棒〟　池口英司・石丸かずみ／著
- 上越新幹線物語1979―中山トンネル スピードダウンの謎　北川修三／著
- 進化する路面電車―超低床電車はいかにして国産化されたのか　史絵・梅原 淳／著
- ご当地「駅そば」劇場―48杯の丼で味わう日本全国駅そば物語　鈴木弘毅／著
- 国鉄スワローズ1950-1964―400勝投手と愛すべき万年Bクラス球団　堤 哲／著
- イタリア完乗1万5000キロ―ミラノ発・パスタの国の乗り鉄日記　安居弘明／著
- 国鉄／JR 列車編成の謎を解く―編成から見た鉄道の不思議と疑問　佐藤正樹／著
- 新幹線と日本の半世紀―1億人の新幹線―文化の視点からその歴史を読む　近藤正高／著
- 「鉄」道の妻たち―ツマだけが知っている、鉄ちゃん夫の真実　田島マナオ／著
- 日本初の私鉄「日本鉄道」の野望―東北線誕生物語　中村建治／著
- 国鉄列車ダイヤ千一夜―語り継ぎたい鉄道輸送の史実　猪口 信／著
- 昭和の鉄道―近代鉄道の基盤づくり　須田 寛／著
- 最速伝説―20世紀の挑戦者たち―新幹線・コンコルド・カウンタック　森口将之／著

交通新聞社新書　好評既刊

「満鉄」という鉄道会社―証言と社内報から検証する40年の現場史　佐藤篁之／著
ヨーロッパおもしろ鉄道文化―ところ変われば鉄道も変わる　海外鉄道サロン／編著
鉄道公安官と呼ばれた男たち―スリ、キセルと戦った〝国鉄のお巡りさん〟　濵田研吾／著
箱根の山に挑んだ鉄路―『天下の険』を越えた技　青田　孝／著
北の保線―線路を守れ、氷点下40度のしばれに挑む　太田幸夫／著
鉄道医　走る―お客さまの安全・安心を支えて　村山隆志／著
「動く大地」の鉄道トンネル―世紀の難関「丹那」「鍋立山」を掘り抜いた魂　峯﨑　淳／著
ダムと鉄道―一大事業の裏側にいつも列車が走っていた　武田元秀／著
富山から拡がる交通革命―ライトレールから北陸新幹線開業にむけて　森口将之／著
高架鉄道と東京駅［上］―レッドカーペットと中央停車場の源流　小野田滋／著
高架鉄道と東京駅［下］―レッドカーペットと中央停車場の誕生　小野田滋／著
台湾に残る日本の鉄道遺産―南の島に鉄道原風景を訪ねて　片倉佳史／著
観光通訳ガイドの訪日ツアー同行記―ドイツ人ご一行さまのディスカバー・ジャパン　亀井尚文／著